LEKTÜRESCHLÜSSEL
FÜR SCHÜLERINNEN UND SCHÜLER

Johann Wolfgang Goethe
Faust I

Von Wolfgang Kröger

Philipp Reclam jun. Stuttgart

Dieser Lektüreschlüssel bezieht sich auf folgende Textausgabe:
Johann Wolfgang Goethe: *Faust. Der Tragödie erster Teil.* Stuttgart: Reclam, 2000 [u. ö.]. (Universal-Bibliothek. 1.)

RECLAMS UNIVERSAL-BIBLIOTHEK Nr. 15301
Alle Rechte vorbehalten
© 2001 Philipp Reclam jun. GmbH & Co., Stuttgart
Gesamtherstellung: Reclam, Ditzingen
Printed in Germany 2009
RECLAM, UNIVERSAL-BIBLIOTHEK und
RECLAMS UNIVERSAL-BIBLIOTHEK sind eingetragene Marken
der Philipp Reclam jun. GmbH & Co., Stuttgart
ISBN: 978-3-15-015301-7

www.reclam.de

Inhalt

1. Erstinformation zum Werk:
   Ein Blick auf den ganzen *Faust* **5**

2. Inhaltsübersicht zu *Faust I*:
   Die dramatische Struktur **7**

3. Personencharakteristik, Personenkonstellation **18**

4. Werkaufbau – Strukturskizze **33**

5. Wort- und Sacherläuterungen **36**

6. Aspekte zur Interpretation **41**

7. Goethe. Zu seiner Biographie und
   seiner Auseinandersetzung mit dem Faust-Thema **49**

8. Der Faust-Stoff und seine Rezeption **55**

9. Checkliste: Welche Fragen dieser *Lektüreschlüssel*
   zu beantworten versucht hat **60**

10. Lektüretipps/Filmempfehlungen **65**

1. Erstinformation zum Werk: Ein Blick auf den ganzen *Faust*

Ein deutscher Literaturkanon ohne Goethes *Faust* ist nicht vorstellbar. Zum Lektüreprogramm der gymnasialen Oberstufen gehört selbstverständlich *Faust*. Auf der Expo 2000 in Hannover inszenierte Peter Stein den gesamten *Faust*, die beiden Teile der Tragödie. *Faust*-Zitate sind Bestandteil der Alltagskultur, die Theater nehmen regelmäßig den *Faust* in ihre Spielpläne auf. Zugleich fragen die Schüler interessiert danach, ob denn nicht der *Faust* behandelt werden könne: die Zentralstellung dieses Werks in unserem kulturell-literarischen Kosmos ist unbestritten.

Dabei ist Goethes Drama nicht leicht zu verstehen, seine Organisation ist kompliziert, und die Spuren der verschiedenen Entstehungsstufen sind noch zu erkennen. Die ersten Szenen des *Faust I* hängen ohne den *Faust II* gleichsam in der Luft, und der Tragödie erster Teil endet für den Leser bzw. den Zuschauer unbefriedigend. Faust, der alte und an der Wissenschaft verzweifelnde Gelehrte, hat sich mit dem Teufel verbündet. Das hat den Stubenhocker seelisch und körperlich verlebendigt. Faust hat sich verliebt und seine Geliebte zugrunde gerichtet. Während sie im Gefängnis auf den Henker wartet, flieht Faust mit Mephisto. So lassen sich die beiden Hauptteile des *Faust I*, die »Gelehrten-Tragödie« und die »Gretchen-Tragödie«, kurz zusammenfassen. Wie die am Beginn ihrer Zusammenarbeit zwischen Faust und Mephisto geschlossene Wette ausgeht, bleibt in *Faust I* ebenso ungeklärt wie die Frage, ob Gott oder der Teufel im Spiel um Faust die Oberhand behalten. So gilt für den *Faust I* von vornherein: der Vorhang zu und viele Fragen offen!

6 1. ERSTINFORMATION ZUM WERK

Der zweite Teil des *Faust* sprengt alle gewohnten Dimensionen: in fünf Akten ohne erkennbaren Handlungsfortschritt führt Faust zunächst am Kaiserhof des ausgehenden Mittelalters die moderne Geldwirtschaft ein, dann steigt er zu den »Müttern« hinab und beschwört das Idealbild der antiken Helena. In der Klassischen Walpurgisnacht vergegenwärtigt sich die griechische Antike, Faust begegnet Helena und ist vom klassisch Schönen fasziniert. Dann tritt er als Feldherr auf, der die Waffentechnik revolutioniert. Und schließlich ist er ein imperialistisch handelnder Kaufmann, der mit teuflischer Kraft die ganze Welt ausplündert und die Natur, wo sie noch widrig zu sein scheint, niederzwingen will. Wieder geht sein Weg über Leichen, aber der erblindete Faust begeistert sich an der Vision, dass er durch Technik und Naturbeherrschung einem freien Volk offenen Raum für eine lebenswerte Zukunft schaffen könnte. So begeistert-verblendet stirbt er, Mephisto scheint damit sein Ziel, Faust für sich zu gewinnen, erreicht zu haben. Doch dann entreißen die himmlischen Heerscharen dem Teufel Fausts Seele, die im Läuterungsprozess himmelwärts getragen wird.

In diesem Gesamtzusammenhang stehen die Szenen von *Faust I.*

Von dem bekannten Goethe-Biographen Richard Friedenthal stammt die Sentenz: »Der Faust hat den Sinn, den der Betrachter ihm verleiht.«

Das vorliegende Heft möchte als »Lektüreschlüssel« zu Goethes *Faust I* Anregungen dazu geben, den Text so gut zu verstehen, um dem *Faust* einen eigenen Sinn verleihen zu können.

2. Inhaltsübersicht zu *Faust I*: Die dramatische Struktur

Ein dreifaches Präludium (Vorspiel)

Als Goethe 1808 den *Faust I* in abgeschlossener Form veröffentlichte, stellte er ihm eine dreifache Einleitung voran. Diese Einleitungsszenen beziehen sich auf beide Teile der Tragödie und machen damit deutlich, dass Goethe bereits 1808 den *Faust II* fest im Blick hatte.

In den vier Strophen der **Zueignung** macht sich der Dichter das jahrelang unvollendet gebliebene *Faust*-Werk wieder neu zu eigen. In feierlich-getragener Stanzenform spricht Goethe vom künstlerischen Schaffensprozess. Die Gestalten des Dramas tauchen in seiner Einbildungskraft auf, sie

> *Künstlerischer Schaffensprozess*

drängen aus der Erinnerung zu ihm herauf und sind daher in ihren Konturen zunächst noch undeutlich und »schwankend« (V. 1). Während alles konkret Bestimmte sich auflöst und nicht festzuhalten ist, wird das Untergegangene und Verlorene durch die dichterische Phantasie neu belebt und wiedergewonnen. Dies kann der Dichter nicht »machen«, vielmehr greifen die Gestalten des Werks nach ihm (V. 5), so dass er ein Instrument ist, auf dem ein größerer Künstler spielt. Wie der Wind die Äolsharfe zum Tönen bringt (V. 28), so verlebendigt der Schaffensprozess den empfangenden Künstler. Im Weinen findet diese lebendigere Empfindsamkeit ihren Ausdruck (V. 29).

Dieser Selbstreflexion des Dichters folgt nun ein Blick auf den Schauplatz der Realisation des Werks: **Vorspiel auf dem Theater**. Als Erster ergreift der Theaterdirektor als der Herr

8 2. INHALTSÜBERSICHT ZU *FAUST I*

der Schaubühne das Wort: Ihm geht es um ein Abend für
Abend ausverkauftes Haus; diesem Ziel solle die Arbeit
des Dichters dienen. Sofort erhebt dieser, idealistisch ge-
sinnt und die Einsamkeit liebend, hiergegen
Einspruch. Die »Lustige Person«, die den
Schauspieler verkörpert und an den »Hans-
wurst« des Volkstheaters erinnert, gießt das
Wasser der Ironie in den Wein der Dichter-
gesinnung und gibt dem Direktor Gelegenheit, Handlungs-
reichtum (V. 89) und Beachtung der Publikumswünsche zu
fordern. Der Dichter will sich nicht so instrumentalisieren
lassen (V. 134 ff.) und verweist stolz darauf, was er durch
seine Kunst zustande bringen kann. Im Letzten ist er es, der
das menschliche Leben in den kosmisch-göttlichen Zusammenhang einbettet (V. 156 f.):

> »Wer sichert den Olymp, vereinet Götter?
> Des Menschen Kraft im Dichter offenbart.«

Nach weiterem Geplänkel zwischen Dichter und Lusti-
ger Person drängt nun der Direktor auf Theater-Taten: Der
ganze Kreis der Schöpfung sei auszuschreiten und die Reise solle »vom Himmel durch die Welt zur Hölle« gehen
(V. 242). Damit ist für das weitere Drama unmissverständ-
lich klargemacht, dass selbst die himmlischen Heerscharen
»in dem engen Bretterhaus« der Schaubühne zu Hause sind
und dass der alles so überlegen lenkende »Herr« der Welt
aus »des Menschen Kraft« entsprungen ist.

Im **Prolog im Himmel** öffnen sich die Weiten des himmlischen Raums. Im Gespräch zwischen dem »Herrn« und
dem zum himmlischen »Gesinde« (V. 274) zählenden Mephisto wird der Rahmen für das folgende Drama festgelegt:
Die Szene hat die Funktion einer Exposition. Während die
Erzengel in die Sphärenharmonie des ganzen Kosmos ein-

Theaterdirektor,
Schauspieler und
Dichter sprechen

2. INHALTSÜBERSICHT ZU *FAUST I*   9

stimmen und die Harmonie des Weltganzen trotz seiner
Nachtaspekte (V. 254) und seiner bedrohlichen Elemente
(V. 259–264) lobpreisen, hat sich Mephisto auf den Menschen und die Menschenwelt konzentriert
und sieht dort gar nichts Positives. Der Herr
bringt die Rede auf Faust. Mephisto kennt
den Gelehrten, den nichts zufrieden stellt.
Während der Herr das Streben Fausts und

> Gott und der
> Teufel reden
> über Faust

seine dauernde unruhige Unzufriedenheit positiv deutet,
glaubt Mephisto den Suchenden und Umherirrenden auf
den Weg des Teufels führen zu können. Der Herr aber ist
sich sicher, dass die teuflische Versuchung den Menschen
Faust davor bewahren wird, sich zur Ruhe setzen zu wollen
(V. 341), sie wird ihn weitertreiben und so seine Sehnsucht
nach noch nicht Erreichtem, sein Streben also, wach halten.
Der Herr erlaubt dem Teufel all seinen Einfluss auf Faust
auszuüben und ihn auf teuflische Wege zu locken. Wie ein
Gärtner will der Herr das Teuflische als Ferment des Wachs-
tums hin zu »Blüt und Frucht« (V. 311) benutzen. Der Herr
wünscht sich den Menschen nicht in frommer Seelenru-
he und ruhiger Selbstzufriedenheit; er möchte, dass der
Mensch ein unruhig Suchender, ein immer Strebender ist.
Im Gegebenen soll der Mensch nie zufrieden sein, er soll die
Transzendenz (das Über-schreitende) suchen. So ist der
Teufel in seinem Handeln nicht ungebunden und frei, son-
dern er darf nur »frei *erscheinen*« (V. 336; Hervorhebung des
Verfassers), er ist in all seinem Tun ein Werkzeug Gottes.

Wenn so alles von vornherein festgelegt ist und sich zum
Guten wenden muss, kann der *Faust* eigentlich nicht als
Tragödie gelten. Der Teufel steht mit seiner Wette, die er
mit Gott abschließt (V. 312), anscheinend auf verlorenem
Posten.

10 2. INHALTSÜBERSICHT ZU *FAUST I*

So wäre es, wenn nicht durch das **Vorspiel auf dem Theater** der fiktive Charakter der himmlischen Szenerie und damit auch der späteren himmlischen Freisprechung und Erlösung betont worden wäre. »Wer sichert den Olymp?« (V. 156), also die göttliche Sphäre?: »des Menschen Kraft« (V. 157), nur des Menschen Kraft.

Goethe stellt also die Frage, ob ein »guter« Ausgang der Wette zwischen »dem Herrn« und Mephisto als gesichert gelten kann, an den Anfang des Gesamtwerks, und das gibt dem Ganzen eine tragische Hintergrundsdimension.

Überblick über die »Gelehrten-Tragödie«

Die erste Szene (**Nacht**) versetzt den Zuschauer in eine beengte Studierstube des späten Mittelalters. Doktor Faust überdenkt, allein und unruhig in tiefer Nacht, sein Leben und kommt zu keinem befriedigenden Resultat. Zwar kennt er als Forscher und Gelehrter alle Wissensgebiete seiner Zeit, aber all das kann ihn nicht zufrieden stellen. So wendet er sich jetzt der Magie, der Zauberkunst, zu, um zu erkennen, »was die Welt / Im Innersten zusammenhält« (V. 382 f.). Die Weltgeistbeschwörung misslingt ihm, den erscheinenden Erdgeist kann er nicht begreifen und nicht festhalten. Im nächtlichen Gespräch mit seinem Famulus Wagner wird ihm seine verzweifelte Lage nochmals bewusst. Faust sucht danach den Ausweg aus seinem Elend im Freitod. Doch ehe er den Todessaft trinkt, erklingen die Glocken zum Osterfest. Der Chorgesang weckt Jugenderinnerungen und die Musik wirkt beruhigend und heilsam auf Faust. Dies hält ihn vom »letzten, ernsten Schritt« (V. 782) zurück.

> Unzufriedenheit des Gelehrten

2. INHALTSÜBERSICHT ZU *FAUST I* 11

Die Szene weitet sich (**Vor dem Tor**), es ist hell geworden, und Faust spaziert mit Wagner am ersten Ostertag vor den Toren der Stadt. Das Volk begrüßt den Gelehrten mit Hochachtung und Fausts Stimmung wird durch die frühlingshaft belebte Natur deutlich verbessert. Ein Pudel gesellt sich zu den Ausflüglern und begleitet sie bis ins Studierzimmer zurück.

Befreiende Wirkung der Natur

Während Faust sich in der zweiten **Studierzimmer**-Szene dem Neuen Testament zuwendet und die ersten Verse aus dem Prolog des Johannes-Evangeliums zu übersetzen beginnt, wird der Pudel unruhig. Faust beschwört ihn, und das Tier verwandelt sich in Mephisto (»Das also war des Pudels Kern!«, V. 1323). Er sieht wie ein fahrender Student aus und stellt sich auf Nachfrage als Abgesandter der »Mutter Nacht« (V. 1351) vor; doch zugleich sieht er sich als Wesen mit eingeschränkten Wirkungsmöglichkeiten: Er sei »Ein Teil von jener Kraft, / Die stets das Böse will und stets das Gute schafft« (V. 1335 f.). Faust schlägt ihm einen Pakt vor, doch zunächst entzieht sich der Teufel. Bei einer zweiten Begegnung werden die Vertragsbedingungen präzisiert und Faust schließt sogar eine Wette darauf ab, dass der Teufel ihn nie in einen Zustand werde bringen können, in dem er sich zufrieden und beruhigt »auf ein Faulbett« (V. 1692) legen werde. Diese Abmachung wird mit Blut besiegelt, es geht also um Leben und Tod. Und nun beginnt die Reise durch die kleine (*Faust I*) und später durch die große Welt (*Faust II*).

Erscheinen Mephistos als Pudel und Selbstvorstellung

12 2. INHALTSÜBERSICHT ZU *FAUST I*

Pakt und Wette als Zentrum der Gelehrten-Tragödie

Fausts Versuche, den biblischen Text zu deuten, und seine Interpretation des göttlichen Schöpfungsworts als pure »Tat« eröffnete dem Teufel am Beginn der Studierzimmer-Szene den Spielraum. Jetzt, in der zweiten Studierzimmer-Szene, ist Faust völlig verzweifelt. Er verflucht die Bedingungen und die Tröstungen der menschlichen Existenz (V. 1583–1606). Wer so das Leben verflucht, ist des Teufels, und Mephisto nutzt die Gelegenheit, dem Mann, der so am Ende ist, ein Geschäft, einen Pakt, vorzuschlagen. Er wolle Faust »*hier*« dienen, »wenn« dieser dann »*drüben*« sein Diener sein wolle (V. 1656–59). Faust weiß von keinem »Drüben« und es bekümmert ihn auch nicht (V. 1660 ff.). Er ist zu dem Pakt mit dem Teufel bereit, glaubt allerdings nicht, dass Mephisto ihm etwas zu bieten habe, was ihn in seinem »hohen Streben« befriedigen könne (V. 1676). Was er aber vom Teufel immerhin erwartet, ist der »Taumel« (V. 1766), also eine Erlebnisvielfalt, die ihm als Ablenkung und Betäubungsmittel dienen kann. Da Faust nicht davon ausgeht, dass es ein »Drüben«, ein Jenseits gibt, verschärft er den Pakt zu einer Wette; das Entscheidende soll sich »hier«, im Diesseits abspielen. *Wenn* sie zueinander gefunden haben, *wenn* Mephisto dem Faust unentbehrlich geworden ist (und Faust ist davon überzeugt, dass das nicht geschehen kann), dann soll die Abmachung des Pakts vollzogen werden: dann will er dem Tod überantwortet sein und möglicherweise auch »zum Teufel gehen«. Anders als Mephisto ist Faust dabei der zeitliche Ablauf, die gegebene Frist gleichgültig. *Wenn*

> *Ansatzpunkt für den Teufel*

> *Der Pakt wird zur Wette*

2. INHALTSÜBERSICHT ZU *FAUST I* 13

(konditional, also als Bedingung und nicht als Zeitangabe verstanden!) Mephisto Faust dahin gebracht hat, dass er Ruhe und Zufriedenheit empfindet, dass er aufs Faulbett sinkt und sich selbst gefällt, *dann* will Faust auf der Stelle sein Leben beenden und gemäß Pakt und Wette dem Teufel dienen. Denn in einem solchen »erfüllten Augenblick« wäre er schon innerlich tot,

Der »erfüllte Augenblick«

er wäre des Teufels. Denn dass nichts ihn zufriedenstellt, dass er immer unruhig und voller Selbstzweifel ist, darin sieht Faust sein Wesen. Er wäre tot, er wäre nicht mehr er selbst, wenn er nicht mehr voller Unruhe und Spannung wäre. Lebenslang wird er »geeinte Zwienatur« bleiben (V. 11962, in *Faust II*), lebenslang wird er zwei Seelen in seiner Brust beherbergen, die miteinander in Streit liegen (V. 1112). Wenn Mephisto ihm die Welt der Sinnengenüsse eröffnet, wird diese Vereinseitigung ein Ungenügen bewirken und schnell Überdruss hervorrufen. Kein Genuss wird jemals Fausts Lebenshunger und seinen Erkenntnisdrust stillen können: darauf wettet er. Er geht die Wette ein, dass sein Leben verwirkt sein soll, wenn er es lebenswert finden könnte. Mephisto führt alles Geistige und Seelische auf den »Körper«, auf das Materielle zurück. Er reduziert den Genuss auf die sinnliche Sphäre und glaubt, die Menschen seien zufrieden, wenn ihr Triebleben befriedigend sei. Indem er subjektiv seine Ziele (Faust zum Genuss zu verführen) verfolgt, erhöht er die Spannungen in Faust und tut damit genau das, was der Weltenherr von ihm erwartet: den Menschen von »unbedingter Ruhe« abzuhalten. Ungewollt erfüllt Mephisto die Wünsche Gottes. Durch seine Verführungen hindurch wirkt die Führung Gottes. Denn dieser

Mephisto als Werkzeug Gottes

14 2. INHALTSÜBERSICHT ZU *FAUST I*

Gott wünscht sich keinen frommen und selbstzufrieden lebenden Knecht (wie der biblische Hiob einer war, ehe er ins Unglück gestürzt wurde), sondern suchende, zerrissene und angefochtene Menschen. Wer ein so unruhig Suchender wie Faust ist, dem gilt das Versprechen des Gottes im *Faust*-Drama, er werde »ihn bald in die Klarheit führen« (V. 309). Faust weiß, dass er nur in der Unruhe er selbst ist und dass er nur in der Zerrissenheit seine Identität hat. Deshalb kann er diese Wette mit dem Teufel abschließen.

Nach dem Zwischenspiel einer Universitätssatire (in der Mephisto als Faust verkleidet einem Schüler alle Studienfächer verleidet) startet die erste Etappe der gemeinsamen Reise in **Auerbachs Keller in Leipzig**. Das betrunkene Gegröle mitsamt seinen obszönen Anspielungen auf kirchliche (vgl. V. 2154), höfische (das »Flohlied« karikiert das Höflingsverhalten) und revolutionäre (V. 2244) Verhaltensweisen ist Faust zuwider. Mephisto bringt Faust nun in die **Hexenküche**. In einem Spiegel erscheint ihm »Das schönste Bild von einem Weibe« (V. 2436); Begierde regt sich in Faust, und der Hexentrank verjüngt ihn.

Unvermittelt setzt die Szene **Straße** ein: Margarete kommt vom morgendlichen Kirchgang zurück und Faust spricht sie auf der Straße an. Margarete entzieht sich der »Anmache«, aber die Worte des fremden galanten Herrn wirken nach. Dies ist der Beginn der **Gretchen-Tragödie**. Faust dringt (**Abend**) in Gretchens Stube ein und versteckt dort ein Schmuckkästchen. Beim Auskleiden findet Margarete diesen Schmuck, legt ihn sich um und entdeckt ihre eigene Schönheit. Am nächsten Morgen greift die Mutter ein und nimmt ihr den Schmuck weg. Ein zweites Mal (**Spaziergang**) muss Mephisto ein Schmuckkästchen besorgen und damit flüchtet sich Margarete nun zu ihrer Nachbarin,

2. INHALTSÜBERSICHT ZU *FAUST I* 15

zu Frau Marthe (**Der Nachbarin Haus**). In deren **Garten** treffen Margarete und Faust wieder zusammen. Während Mephisto die verwitwete Frau Marthe herumführt, die erotische Absichten hat, entwickelt sich zwischen dem weltgewandten Faust und der schlichten und streng gehaltenen Margarete eine intensive Beziehung. Im Spiel mit einer »Sternblume« (also mit einer Margerite, einer Margareten-Blume) legt Margarete dem Gesprächspartner ein Liebesgeständnis in den Mund (V. 3183), und zugleich zerpflückt sie diese Blume und deutet damit auf ihr eigenes gewaltsames Ende hin. Im **Gartenhäuschen** kommt es zur einzigen Liebesszene dieses Dramas, zum gegenseitigen Kuss, und Margarete erklärt ganz unumwunden ihre Liebe.

Faust zieht sich in **Wald und Höhle** zurück, er will Abstand gewinnen und Gretchen nicht gefährden, denn eine langfristige Beziehung oder Ehe ist unter den gegebenen sozialen Bedingungen zwischen beiden nicht vorstellbar. Er scheint für einen Augenblick mit seinem Leben zufrieden zu sein, aber kaum hat er dem lebenspendenden Erdgeist Dank gesagt, erfährt er sich wieder als gespalten und als jemand, den die Begierde wild und unberechenbar macht (V. 3240–3250). Und schon ist Mephisto erneut zur Stelle, um auszuführen, wozu Faust jetzt bereit ist: Gret-

> *Wendepunkt in der Gretchen-Tragödie*

chen zu erfassen, ihre kleine Welt in Trümmer zu schlagen und sie mit sich in den Abgrund zu reißen (V. 3348–3365).

Gretchen selbst (**Gretchens Stube**) drückt in einem gehetzten Lied (»Am Spinnrade allein«) ihre Sehnsucht und Unruhe aus. Alles in ihr wartet auf den Geliebten, drängt zu ihm hin und will ihn fassen. Sie will ihn küssen und umarmen und weiß, dass dies für sie vernichtende Konsequenzen haben kann (V. 3410–3414).

16 2. INHALTSÜBERSICHT ZU *FAUST I*

In **Marthens Garten** treffen die Liebenden wieder zusammen. Margarete fragt Faust nach seinem Glauben (»wie hast du's mit der Religion?«, V. 3415) und äußert ihre Angst vor Fausts Begleiter. Da Gretchens Mutter ein nächtliches Treffen verhindern würde und Gretchen selbst ein solches Zusammensein ersehnt (V. 3517–3520), stimmt sie Fausts Plan zu, die Mutter mit einem Schlaftrunk zu betäuben. Das von Mephisto besorgte Mittel wirkt tödlich. Die Liebesnacht selbst ist im Drama ausgespart.

Am Brunnen sieht Gretchen das, was auf sie zukommt, im Schicksal des verhöhnten Bärbelchen vor sich. Dem Leser/Zuschauer wird klar, dass auch Gretchen schwanger ist und dass Faust sie verlassen wird. Gretchen flüchtet sich vor das Andachtsbild der Mutter Gottes (**Zwinger**) und stammelt in ihrer Angst um Hilfe. Die folgende Szene (**Nacht**) zeigt Gretchens Bruder Valentin, einen Soldaten, der vom Fall seiner Schwester gehört hat. Er will dem Liebhaber auflauern und überrascht Faust und Mephisto vor Margaretes Fenster. Es kommt zum Zweikampf und Valentin stirbt durch Fausts Hand. Ihm bleibt aber noch im Sterben Zeit, seine Schwester öffentlich bloßzustellen und zu verfluchen. Gretchen flüchtet sich in den **Dom**, die Stimme des Gewissens und der dröhnende Gesang vom Jüngsten Gericht bedrängen sie so, dass sie ohnmächtig niedersinkt.

Zur gleichen Zeit zieht Mephisto Gretchens Liebhaber in eine ganz andere Sphäre: sie stürzen sich in das wilde Leben der **Walpurgisnacht** (Nacht zum ersten Mai). Die triebhafte Sexualität reißt Faust und seinen Gesellen wie eine Urkraft mit sich fort. Eingebunden in den Hexentanz sieht Faust plötzlich Gretchen vor sich: verlassen, gefesselt, mit einem durchschnittenen Hals. Das ernüchtert ihn und nach dem Zwischenspiel des **Walpurgisnachtstraums** findet er

2. INHALTSÜBERSICHT ZU *FAUST I* 17

sich in **Trüber Tag. Feld** wieder. Er beschuldigt Mephisto, das Unglück verschuldet zu haben, doch Mephisto macht klar, dass er, der Teufel, nur ausführendes Organ für den Willen und die Absichten Fausts war. Faust will zu Gretchen. Auf Zauberpferden reiten die beiden (**Nacht. Offen Feld**) am Hinrichtungshügel vorbei zum Gefängnis. Die **Kerker**-Szene schließt den *Faust I* ab.

Nach dem Tod der Mutter, der Ermordung Valentins, unter dem Fluch des Bruders und dem Verdammungsurteil der Kirche, ausgestoßen von den Freundinnen und verlassen von Faust ist Margarete wahnsinnig geworden und hat ihr neugeborenes Kind ertränkt. Nun wartet sie sinnverwirrt und angstzerstört im Kerker auf den Tag ihrer Hinrichtung. Als Faust ihre Zelle aufschließt, hält sie ihn zunächst für den Scharfrichter und erschrickt vor ihm. Dann erkennt sie ihn, als er ihren Namen ruft, an der Stimme wieder und umarmt ihn. Er will sich der Liebkosung entziehen, mahnt zur Eile und drängt zur Flucht. Plötzlich weiß sie um das Geschehene und darum, dass es keine Flucht gibt, mit der sie der Vergangenheit und der Schuld entkommen könnte. Während Faust glaubt, man könne »das Vergangene vergangen sein« lassen (V. 4518), weiß Margarete, dass sie dem Gewissen nicht entlaufen kann. Während Faust kluge Pläne macht, zerbricht ihr Verstand. Faust lässt sich von Mephisto in einen neuen Tag reißen, Margarete aber erkennt in Fausts Begleiter den Teufel und überantwortet sich dem Gericht Gottes. Mephistos schneidend-mitleidslosem Wort über die Verlorene: »Sie ist gerichtet!« widerspricht die Stimme von oben: »Ist gerettet!« (V. 4611 f.).

3. Personencharakteristik, Personenkonstellation

Faust: Doktor Heinrich Faust, wie Goethe ihn zeichnet, ist kein individueller Charakter. Seine Entwicklung entzieht sich dem individualpsychologischen Verstehen. Faust muss vielmehr als kollektive Gestalt, als Inbegriff und Repräsentant der Entwicklungsmöglichkeiten des neuzeitlichen Menschen begriffen werden.

Aspekte der Faust-Gestalt

Er verkörpert zunächst den Gelehrtentyp des ausgehenden Mittelalters und ist in allen vier Fakultäten der spätmittelalterlichen Universitätsbildung bewandert. In seiner Hinwendung zur Magie entspricht er dem Faust-Bild, wie es die Tradition der Volksbücher im 16. und 17. Jahrhundert geformt hatte. Zugleich nimmt Goethes Faust Züge des Paracelsus (1493–1541) auf; dieser Denker hat platonische philosophische Spekulation und christlich-mystisches Denken miteinander verbunden und die Lehre der Pansophie (der »Allweisheit«) in Deutschland begründet. In der Bibelübersetzung nimmt Faust die Züge Luthers an, und später in *Faust II* erscheint er zunächst wie ein neuerschaffener Adam (»Anmutige Gegend«); dann bekommt er Züge des Finanzspekulanten John Law (der durch seine Manipulationen in Frankreich das Ancien Régime vor der Französischen Revolution destabilisierte); wie ein John Drake betreibt er Politik und Ökonomie im Piratenstil, und wie der Graf Saint-Simon entwirft er eine sozialistische Utopie, als deren Kern Goethe prophetisch die Sklavenarbeit eines KZ- oder Archipel-Gulag-Systems herausgearbeitet hat (5. Akt).

Im *Faust I* repräsentiert Faust einen Wissenschaftler, der

3. PERSONENCHARAKTERISTIK 19

sich vom Leben und der Natur isoliert sieht. So wie Jean-Jacques Rousseau (1712–78) der beginnenden Arbeitsteilung und dem Spezialistentum in den Wissenschaften sein »Zurück zur Natur!« entgegenstellte, so sehnt sich Faust nach der Erfahrung der Ganzheit und des Lebendigen. In der ersten Szene (»Nacht«) wechselt seine Stimmung mehrfach schlagartig: extreme Verzweiflung wird von elektrisierter Erwartung neuer Erfahrungen abgelöst, Klagen über das Altern und das Eingetrocknetsein schlagen um in Hoffnungsvisionen, in denen sich Faust verjüngt und neu begeistert sieht. Das dumpf-melancholische Vor-sich-Hinbrüten ist der Nährboden für den kreativen Impuls und die geniale Idee. Dieses Phänomen war von Marsilio Ficino (1433–1499) beobachtet und beschrieben worden. Diesen in der Renaissance als typisch entdeckten Zusammenhang von Genialität und depressiver Melancholie verkörpert Faust auf beispielhafte Weise. Sowohl seine Neigung zum Freitod als auch sein Verständnis vom Tod als Befreiung gehören in diesen Kontext. Seine Unzufriedenheit mit dem Gegebenen und die Unbedingtheit, mit der er »Anderes« will (Leben, Fülle der Natur, Entgrenzung, Übermenschentum), öffnet ihn für das Spiel des Teufels. Faust kann von sich aus dem Erdgeist, d. h. der Fülle der Natur und ihrem ewigen Wechselspiel, nicht standhalten; er, der sich so hoch hinaufschwingen wollte, kann den Geist nicht festhalten und bleibt »zusammenstürzend« (V. 514) zurück. Wenn er nur könnte, so nähme er jede Hilfe an, um seiner verfluchten Situation (V. 1587–1606) zu entkommen: Das ermöglicht Mephisto den Eintritt in Fausts Leben. Das Böse lauert in Faust selbst. In der Seele Fausts ist der

Schlagartige Stimmungswechsel

Das Böse in Faust selbst

20 3. PERSONENCHARAKTERISTIK

Wunsch da, die individuellen und irdischen Beschränkthei-
ten gewaltsam und zur Not auch auf widergöttliche und
destruktive Weise zu überschreiten, und dieser Wunsch
nimmt in Mephisto Gestalt an. (Wenn einmal eine etwas
schwierigere Begrifflichkeit erlaubt ist, kann man das Aus-
geführte knapp zusammenfassen:) Der Böse ist die meta-
physische Metapher für eine psychische Valenz in Faust.

Es gelingt Faust (mit Mephistos Hilfe) sich »dreißig Jahre
[…] vom Leibe« (V. 2342) zu schaffen. Der
Aufbruch in ein Leben außerhalb der Studierstube und jenseits der Bücher verjüngt
und belebt den vertrockneten Gelehrten. Se-
xuelle Begierde und erotische Phantasien beflügeln den
Mann (V. 2558), der zwischen 50 und 60 Jahre alt war und
nun wie ein junger Herr auftreten kann. Mit galanter Lie-
benswürdigkeit tritt er auf Gretchen zu und gewinnt ihr
Herz. Aufmerksam kann er ihr zuhören und behutsam lässt
er sich auf die von ihr erwiderte Liebe ein.
Zugleich ist Gretchen für ihn, wie es Mephisto unverhohlen sagt (V. 2603 f.), die Erst-
beste und reines Objekt seiner geilen Begier-
de (V. 2619, 2627). Als der erste Kuss getauscht ist und Gretchen ihre Liebe offen bekannt hat, sieht Faust die Gefahr,
die aus dieser ungleichen Beziehung für das Mädchen ent-
steht, und will sich zurückziehen (»Wald und Höhle«).
Voller Dankbarkeit reflektiert er auf das Erlebte und sieht in
ihm ein Geschenk des Erdgeists, der Lebensenergie selbst
(V. 3217). Doch dem verjüngten Mann, dem erotisch ent-
flammten kecken Herrn, dem vor Begierde Schmachtenden
(V. 3250) gelingt der Rückzug nicht. In obszöner Metapho-
rik (also in bildhafter Sprache, die von Fausts seelischem
Zustand, von seiner Verschmelzung mit dem Weltganzen zu

*Die
»Verjüngung«*

*Faust als
Liebhaber*

3. PERSONENCHARAKTERISTIK 21

sprechen scheint und in Wirklichkeit die männliche Aktivität bei einem Geschlechtsakt wiedergibt) beschreibt Mephisto zutreffend Fausts körperliche Verfassung (V. 3285, 3289, 3291) und hält ihm Gretchens Sehnsucht vor, mit dem Ergebnis, dass Faust seinen Geborgenheitsraum, der zugleich sein Versteck war, verlässt. Wie eine Sturzgeburt vom Fruchtwasser umgeben aus dem Leib der Mutter schießt, so sprengt Faust die mütterlich-bergende Höhle seiner Regression (seiner seelischen Zurückgezogenheit) und sieht sich selbst als alleszerstörenden »Wassersturz«. Ohne Rücksicht auf Verluste will und muss er vorwärtsstürmen (V. 3350 ff.). Er zerstört Margaretes Familie, schwängert seine Geliebte und verlässt sie dann. Fausts entfesselte Sinnlichkeit findet ihren Ausdruck in der Walpurgisnacht-Orgie, doch plötzlich erschrickt und ernüchtert ihn die Erinnerung an sein Tun. Er sucht Gretchen im Gefängnis auf und will sie zur Flucht überreden. Dass er glaubt, es könne einen Weg »ins Freie« geben (V. 4537) und ein Leben jenseits von Schuldspruch und Gewissensqual sei möglich, zeigt, dass Faust das von ihm Verursachte verdrängt. Zugleich deutet Goethe an, dass ein in dieser Weise schuldig Gewordener nur weiterleben kann, wenn ihm Vergessen geschenkt und Verdrängen ermöglicht wird: ein »Heilschlaf« steht am Anfang des *Faust II*.

> *Faust verdrängt seine Schuld*

Mephisto: Seine Rolle ist es (gemäß dem »Prolog im Himmel«), Faust anzutreiben, ihn nicht zur Ruhe kommen zu lassen. Gerade indem Mephisto ihm immer wieder neue Genussmöglichkeiten eröffnet, bleibt Faust unbefriedigt und drängt weiter. Faust und Mephisto scheinen

> *Mephisto als Fausts Doppelgänger*

22 3. PERSONENCHARAKTERISTIK

häufig Gegenspieler zu sein, doch im Tiefsten sind sie Doppelgänger. Mephisto verkörpert den zerstörerischen, auch den selbstzerstörerischen Aspekt von Fausts Impulsivität. Er erweitert Fausts Handlungsmöglichkeiten und setzt Gewünschtes in Realität um. Einerseits hofft Mephisto Faust auf seine Bahn lenken zu können und ihn Staub fressen zu lassen, ihn also in den Dreck zu ziehen und ihn zu demütigen, andererseits weiß er, dass er als Teufel »nur frei erscheinen« darf (V. 336). Er weiß sich in Gottes Plan eingebunden, ist nicht wirklich frei, er muss letztendlich zum Guten wirken: als »Teil von jener Kraft, / Die stets das Böse will und stets das Gute schafft« (V. 1335 f.). Wenn Gottes »Gärtner-Plan« so aufgeht, hat der Teufel als negative Kraft keine Chance: er ist von Anfang an ein »armer Teufel«, der am Ende (von *Faust II*) den Kampf verloren haben wird, egal wie gut seine Verführungskünste gewesen sind. Gemäß dem Motto: »Du hast keine Chance, also nutze sie!« bietet die Mephisto-Figur dem Schauspieler die Möglichkeit alle Register seiner Kunst zu ziehen: er soll verführen und zerstören, er darf obszön und gewalttätig sein, er decouvriert und ironisiert jede »höhere Regung« Fausts. Wie eng er an Faust klebt und welche Freude er an den »luft'gen zarten Jungen« (V. 1506) und später an den »allerliebsten [Engel-] Jungen« hat (*Faust II*, Szene »Grablegung«): darin offenbart sich ein homoerotischer Aspekt dieses speziellen Schalks, der im Auftrag Gottes reizt und wirkt und schafft (V. 343).

Margarete allerdings spürt die von Mephisto ausgehende destruktive Kraft. Als Faust ihr das erste Mal begegnet, ist sie eine junge Frau, gerade eben im heiratsfähigen Alter (V. 2627: ab 14 Jahren, also ab dem Konfirmationsalter, gal-

3. PERSONENCHARAKTERISTIK 23

ten Mädchen als heiratsfähige Frauen). Anstelle der kränkelnden Mutter hat sie versucht, ihre neugeborene Schwester großzuziehen. Doch war sie mit dieser Aufgabe überfordert, das Kind ist gestorben. Die häuslichen Verhältnisse

Gretchens Familie

sind – trotz eines gewissen Wohlstands (V. 3117) – eng. Margarete wird von ihrer Mutter genau kontrolliert und muss die ganze Hausarbeit verrichten. In wichtigen Lebensbereichen (Versorgen der kleinen Schwester, Erfahrung der Liebe) ist sie völlig allein gelassen. Da ihr Vater gestorben und ihr Bruder von der Familie weg zu den Soldaten gegangen ist, hat Margarete kein männliches Gegenüber in ihrem familiären Kontext. Über Altersgenossinnen, die etwas mit Männern »hatten«, glaubte sie sich weit erhaben (V. 3577 ff.). Doch schlummert in ihr die Sehnsucht nach einem freieren, einem unbeschwert-reicheren Leben, was zum Ausdruck kommt, als sie neugierig das Schmuckkästchen öffnet, sich schön macht und sich im Spiegel betrachtet. Im Gang zur Kirche findet Margarete etwas Zeit für sich selbst: da entkommt sie der häuslichen Enge, da hält sie sich vom Dorfgeschwätz abseits und ist allein, da findet ihre Sehnsucht in der Liebe zu Gott und in der Vereinigung mit dem Heiland (Faust ist ja

Sehnsucht, aus der häuslichen Enge herauszukommen

später auf den »Leib des Herrn«, also auf den Abendmahlsvorgang, eifersüchtig: V. 3334 f.) einen religiösen Ausdruck. Aus der Kirche kommend sieht sie Faust zum ersten Mal. Seine Komplimente, wenn er sie als Adlige (»Fräulein«) und als schön anspricht, wirken nach. Sie lässt die körperliche Berührung durch den Fremden für einen Augenblick zu, ehe sie sich losmacht (Regieanweisung V. 2608) und weggeht. Im wie selbstvergessen gesungenen Lied vom »König

24 3. PERSONENCHARAKTERISTIK

in Thule« drückt sie aus, dass sie um die Kraft einer großen Liebe weiß, die nicht an Eheschließung und offiziellen
Status gebunden ist. Sich Frau Marthe anvertrauend ent-
schlüpft sie der Kontrolle der Mutter, und im Zusammensein mit Faust legt sie diesem das Liebesgeständnis in den
Mund (V. 3184). Wenn sie die Sternblume (ihre Namens-
blume also: die Margerite) zerrupft, versinnbildlicht sie
zugleich, dass sie für ihre Liebe auch ihre Existenz aufs
Spiel zu setzen bereit sein wird. Sie erklärt offen ihre Liebe

Margarete als
aktiver Partner

und wird zum aktiven Partner (V. 3206).
Sie weiß um die für sie entstehende Gefahr und sagt doch »Ja« zu dieser Liebe
(V. 3410 ff.). Fausts Begleiter gegenüber ist
sie misstrauisch; wenn Mephisto hinzutritt (und Mephisto
ist ja die Verkörperung der destruktiven Impulse in Faust:
der rein sexuellen Begierde, der verantwortungslosen Ver-
führungskunst, der zynischen Obszönität), fühlt Margarete
sogar ihre Liebe zu Faust erkalten (V. 3496).

Margarete wird schwanger; in der Szene »Am Brunnen«
wird ihr verdeutlicht, wie es ihr als unehelich Schwangerer
gehen wird. Sie flieht zur Mutter Gottes, die über ihren
toten Sohn trauert, und fleht sie in der Enge der Gebetsstät-
te um Hilfe an. Der Soldaten-Bruder taucht auf und wird,

Von allen
Seiten bedrängt

als er sich Faust entgegenstellt, tödlich verwundet. Er zeichnet seiner Schwester den
künftigen Lebensweg als Prostituierte vor
(V. 3736 ff.) und verflucht sie in aller Öffentlich-
lichkeit. In der »Dom«-Szene wird Gretchen dem unbarm-
herzigen Urteil der Kirchenmoral ausgesetzt. Sie bricht zusammen.

Aus dem, was in der Kerker-Szene handlungsmäßig vor-
ausgesetzt wird, kann man erschließen, dass Margarete ihr

3. PERSONENCHARAKTERISTIK 25

neugeborenes Kind in panischer Angst ertränkt hat und dass sie wegen dieser Kindstötung zum Tode verurteilt worden ist. Geistesverwirrt und voller Angst erwartet sie die Stunde ihrer Hinrichtung. In ihrer Verwirrung sieht sie im zurückkehrenden Faust zunächst ihren Henker und entzieht sich ihm. Von ihrer Tat weiß sie nichts, sie war und ist offenbar nicht zurechnungsfähig. Als sie Faust an seiner Stimme trotz des ihn umgebenden Höllengetöses erkennt, gewinnt sie ihre Identität und ihren eigenen Schwerpunkt zurück. Sie kann wieder – sogar im Angesicht des Teufels – beten. Sie akzeptiert *alles* Geschehene, die Erfahrung der Liebe, der schönen Tage, *und* die damit zusammenhängende Schuld. Das trennt sie von aller Naivität, erst recht vom Kleinbürgerlichen und damit von ihrem sozialen Herkunftsmilieu. Sie akzeptiert das real Geschehene und stellt sich ihm im Erinnerungsvorgang. Sie zerbricht daran, sie wird sehend wahnsinnig. Im Wahnsinn kommt sie zu sich selbst. Sie hält Gerichtstag über sich selbst und wird so gerettet. Ihre Entscheidung für den Kerker ist ein Gang ins Freie. Es ist nur paradox zu formulieren und wird doch ganz greifbare Wirklichkeit: Im Zusammenbrechen findet Margarete zur Ruhe, im Wahnsinn wird sie hellsichtig, im Gericht wird sie gerettet, im Sich-an-Gott-Ausliefern gewinnt sie ihre Identität.

> Geistesverwirrt und hellsichtig

Da Faust dem Mephisto verhaftet bleibt und in teuflischem Wahn glaubt, es könne eine Flucht ins Freie geben, muss sich Margarete ihm entziehen, als er sich unfähig zur Liebe (V. 4484) und blind für die gemeinsame Verantwortung (V. 4520 ff.) erweist. Am Ende von *Faust II* wird es ihre liebende Zuneigung zu diesem (immer auch teuflischen) Mann sein, die ihm Rettung und Begnadigung schenkt.

> Abgrenzung von Faust

26 3. PERSONENCHARAKTERISTIK

Margarete – das Mädchen aus kleinbürgerlich-engen Ver-
hältnissen, die bewusst liebende junge Frau, die Verstoßene:
in all dem ist sie eine ganz konkrete Person und eine tragische Figur. Doch zugleich steht sie stellvertretend für alle
Liebenden und alle Geliebten, in ihr verkörpert sich die

	Braut des biblischen *Hohen Lieds* der Lie-
Margarete als Sulamith	be. Gretchen ist Sulamith, die Sulamitin des *Hohen Lieds* (7,1). Versteckt spielt Mephisto

(bibelkundig wie die meisten Teufel!) auf Sulamith an, wenn er Gretchens Brüste mit den Gazellenzwil-
lingen vergleicht (V. 3337 = *Hohes Lied Salomonis* 4,5).
Margarete charakterisiert sich selbst und ihre Sehnsucht,
aber auch den geliebten Faust in den Worten des *Hohen
Lieds* (V. 3390–3394 = *H.L.* 3,1 f.; 3394–3398 = *H.L.* 5,15;
3410–3414 = *H.L.* 8,1). Der Freudenschrei Gretchens im
Kerker: »Das war des Freundes Stimme!« entspricht dem
Jubelruf der Braut im *Hohen Lied* (5,2). Legt man Goethes
eigene Übersetzung von Teilen dieser biblischen Schrift
zugrunde (1775 entstanden), ergeben sich nicht nur sinn-
gemäße, sondern wortwörtliche Übereinstimmungen. Gretchen ist also ein ›ganz normales‹ Bürgermädchen *und* zugleich ein ›Typus‹, eine stellvertretende Figur für die Abso-
lutheit und Ungebrochenheit der Empfindungen, für die
Bedingungslosigkeit der Hingabe, für die Hellsichtigkeit
des Gefühls, für eine Liebe, die es mit dem Tod aufnimmt
und die die Hölle überwindet (vgl. *Hohes Lied* 8,6).

3. PERSONENCHARAKTERISTIK **27**

Gretchens Lieder und Gebet: Ausdrucksformen der inneren Entwicklung Gretchens

Anhand der drei Lieder, die in die Gretchen-Tragödie eingebettet sind, lässt sich die Entwicklung Gretchens von der unschuldigen und etwas naiven Bürgerstochter zur Geliebten Fausts nachzeichnen, die weiß, dass sie in dieser Liebe ihr Leben aufs Spiel setzen und Schuld auf sich laden wird. Beginnend mit dem selbstvergessen gesungenen Lied vom »König in Thule« über die bedrängende Selbstreflexion im Spinnradlied (»Meine Ruh ist hin«) führt die Entwicklung zum flehentlichen Gebet an die Mutter Gottes: »Ach neige, Du Schmerzenreiche«.

Die Ballade vom König in Thule (V. 2759–2782) ist von Goethe wie ein altes Volkslied geschrieben worden: sechs Strophen zu je vier Versen, die abwechselnd weiblich und männlich enden (Kreuzreime abab), erzählen die Geschichte

> Das Lied vom König in Thule

des sagenhaften Königs der Shetland-Inseln. Er war seiner Geliebten bis an sein Lebensende treu und hat sie auch nach ihrem Tod niemals vergessen. Seine Trauer und sein Schmerz über ihren Verlust sind so groß, dass sie ihn jedesmal, wenn er aus dem ihm von ihr überlassenen Becher trinkt, wieder übermannen und er zu weinen beginnt. In der dritten Strophe inszeniert der alte König sein Sterben. Er überlässt sein Herrschaftsgebiet und seinen Besitz bereitwillig seinem Erben, wobei er den Becher, das Symbol seiner Liebe, als sein einziges und wertvollstes Gut bei sich behält. In der vorletzten Strophe steht der Alte wie ein König Saufaus auf der Schlosszinne; noch einmal trinkt er aus dem Becher der Liebe (Goethe veschmilzt die verschiedenen Sphären der Wahrnehmung in einer großartigen Synästhe-

28 3. PERSONENCHARAKTERISTIK

sie: im Wein trinkt der König die Farben der Abendsonne und diese durstlöschende Farbigkeit steht für die Erfüllung des Lebens selbst, V. 2776). Dann wirft er in einer großen Geste den Becher, der nun die Einzigartigkeit, ja die Heiligkeit der Liebe (V. 2777) bezeichnet, ins Meer hinab. Die personale Liebe verbindet sich im Tod des Königs mit dem weiblichen Urelement alles Lebendigen; sein Abschied gestaltet sich im Bild der Vereinigung mit dem Urwasser, mit der Weite, Tiefe und Unendlichkeit des Schöpfungselements. So wie die Ballade in ihren letzten Versen unmerklich langsamer, stockender, verklingender geworden ist, verlöscht das Leben des großen Liebenden. Es sind die daktylischen (hier aber nicht tänzelnd, sondern stolpernd-verzögernd wirkenden) Elemente in den beiden Schlusszeilen, die diese Verlangsamung in den Versen bewirken; das dreifache Tröpfeln des t-Lauts in diesen Zeilen kommt hinzu; und dann fällt die Klanglinie in der letzten Zeile vom betonten und langen »i« über zwei unbetonte Silben zum hervorgehobenen »o« steil ab.

Die Ballade handelt von Treue in einer Beziehung ohne Trauschein und von der Kraft der Liebe im Angesicht des

Kontext des Thule-Lieds

Todes. Gesungen wird vom König und seiner Geliebten, nicht von seiner rechtmäßigen Ehefrau. In der Liebe sind die Standesunterschiede beiseite gesetzt, und diese Liebe bedeutet dem König mehr als alles Standesgemäße, als aller Besitz und alle Macht.

Gretchen singt dieses Lied, um sich selbst zu beruhigen, bekennt sie doch in den vorhergehenden Versen noch ihre Angst (V. 2757 f.). Indem sie ihre eigene Stimme vernimmt, fühlt sie sich sicherer und nicht mehr ganz so allein. Das Ablegen der Kleider (»indem sie sich auszieht«) ist im übertra-

3. PERSONENCHARAKTERISTIK 29

genen Sinne auch das Ablegen der ›äußeren Hülle‹, sie ›macht sich frei‹: von ihren Kleidern und gleichzeitig von Scham- und Schuldgefühlen, Zwängen und Normen. Gretchen singt nicht bewusst, eher singt ›es‹ in ihr von einer vorbehaltlosen und zu allem bereiten Liebe.

Nach der Liebesszene im »Gartenhäuschen« entzieht sich Faust und Margarete bleibt allein. Am Spinnrad sitzend reflektiert sie ihre Situation in einem gedrängt und gehetzt wirkenden Lied. Dreifach kehrt die Strophe »Meine Ruh ist

Das Spinnrad-Lied

hin« wie ein Volksliedrefrain wieder. Die zehn vierzeiligen Strophen sind aus Kurzversen (mit je zwei Betonungen, bei freier Senkungsfüllung) gebildet. Die Spinnrad-Bewegung mit ihrem Auf und Ab und dem Im-Kreis-Treiben wird im Rhythmus des Textes und den Beschleunigungen und Verlangsamungen in den Kurzzeilen wiedergegeben. Nach der letzten Wiederholung der Refrainstrophe wird das Gedicht in den beiden Schlussstrophen unaufhaltsam schneller: im raschen Wechsel von unbetonter und betonter Silbe laufen die Kurzverse ab, und ein Zeilensprung (Enjambement) verbindet sogar die Strophen miteinander und erzeugt einen Sog auf das Ende zu.

Das Lied legt im Gegensatz zu der Ballade vom König in Thule Gretchens persönliche Gedanken dar. Es ist zwar vom Spinnrad und seinem Arbeitsrhythmus »getrieben«, aber doch ihr »eigenes« Lied. Die Kreisbewegung des Spinnrads verweist auf die kreisenden Gedanken Gretchens über ein und dasselbe Thema. Sie kommt von ihren Vorstellungen nicht los, wozu auch die mechanische Arbeit am Spinnrad, die keine gedankliche Konzentration erfordert, beiträgt. Gretchen ist von Unruhe erfasst. Weder Anfang noch Ende noch eine logische Richtung existieren. Es geht

30   3. PERSONENCHARAKTERISTIK

immer nur im Kreis herum, alles dreht sich und ist ohne Ausweg.

Die beiden letzten Strophen deuten an, dass Gretchen um mögliche und wahrscheinliche Folgen ihres Handelns weiß und dass sie diese Konsequenzen akzeptiert. Sie wird an dieser Stelle der Tragödie (wie schon zuvor in der Gartenszene) zur aktiven, handelnden Person, die bereit ist, mit ihrem Tun Schuld auf sich zu nehmen. Der offensichtliche Wunsch nach Vereinigung mit Faust macht die Veränderung in ihrem Wesen und Verhalten deutlich: Sie hat ihre Rolle als scheues und unerfahrenes Mädchen abgelegt und ist nun eine selbstbewusste, geistig und körperlich gereifte junge Frau, die weiß, was sie will, und die die Erfüllung ihrer Liebe nicht länger in einer vorbildlich geführten und gesellschaftlich akzeptierten Beziehung sucht. Obgleich Gretchen verwirrt und unruhig erscheint, hat sie ihre Wünsche, was das Liebesverhältnis zu Faust anbelangt, klar vor Augen. Sie lebt im Jetzt und lässt sich durch Gedanken an die – möglicherweise wenig rosige – Zukunft nicht lähmen. Gretchen ist sich ihres Gefühls sicher, sie möchte weitergehende Erfahrungen machen und für ihre Liebe ist sie bereit, alles aufs Spiel zu setzen.

Gretchen weiß um die Konsequenzen

Der dritte persönlich-emotionale und monologisch gesprochene Text ist das Gebet im Zwinger, als Gretchen Blumen zum Bild der Muttergottes bringt. In kurzem Aufstöhnen (einige der Zeilen sind einhebig) wendet sich Margarete an die Mater dolorosa, die schmerzensreiche Mutter Maria, die ihren Sohn verloren hat, und fleht um Hilfe.

Das Gebet im Zwinger

Der Ort des Gebets, der sogenannte Zwinger zwischen der äußeren und der inneren Stadtmauer, verdeutlicht den

3. PERSONENCHARAKTERISTIK   31

inneren Zustand der Betenden: Gretchen flüchtet sich an einen geschützten Ort, der aber zugleich bedrohlich eng und wie ein Gefängnis wirkt. Sie »steckt frische Blumen in die Krüge«. Stand die Blume am Anfang der Gartenszene noch für Keuschheit und kindlich-kokettes Spiel und dann auch für die Zerstörung der Unschuld und die ›zerpflückte‹ Jungfräulichkeit, so sind die Blumen nun Ausdruck der Demut und der Opferbereitschaft.

Das Gebet folgt unmittelbar auf die Szene »Am Brunnen« (V. 3544–3586), in der dem schwangeren Gretchen klar geworden ist, was auf sie zukommen wird. Sie nimmt ihre Zuflucht zum Gebet, und damit wird deutlich, dass sie sich der Muttergottes und dem barmherzig-väterlichen Gott anvertraut. In ihrem Stammeln (V. 3606) und ihrem Aufschrei (V. 3616) steht sie zu ihrem Tun. Sie ist bereit, tapfer ihr Schicksal auf sich zu nehmen, ohne die Schuld auf einen anderen abzuwälzen und sich selbst nur als Opfer zu sehen. V. 3607 erinnert tatsächlich an den rabbinischen Weisheitssatz, der da sagt, dass es nichts Ganzeres gebe als ein zerbrochenes Herz.

Margarete wird durch die Entwicklung der Liebesbeziehung zu Faust zerstört. Ihr Herz zerbricht, ihr Verstand wird verwirrt, und schon im Gebet zur Muttergottes gerät ihre Sprache in die Nähe des Lallens. Aber zugleich wird Margarete zum ernst zu nehmenden Gegner Mephistos. Sie steht zu ihrer Liebe und zu ihrer Schuld. Und aufgrund dieser Ehrlichkeit und dieses unerschütterlichen Glaubens an die verzeihende göttliche Kraft wird sie ein unüberwindbares Hindernis für Mephisto. Auch wenn sie am Ende durch Hinrichtung stirbt, ist sie, wie die Stimme von oben urteilt, gerettet.

32 3. PERSONENCHARAKTERISTIK

Valentin: Der ältere Bruder hat Mutter und Schwester allein gelassen und sich den Soldaten angeschlossen. Er widmet sich einem Leben, in dem man »Mädchen und Burgen« erstürmt und dann weiterzieht (V. 895 ff.). Anstatt seiner »trauten Gretel« (V. 3632) brüderlich zur Seite zu stehen, hockt er am Männerstammtisch, hört sich das Schwadronieren seiner Soldaten-Kollegen an und renommiert mit der Tugend seiner Schwester. Als aber diese Schwester wegen ihrer Verbindung zu Faust ins Gerede kommt und Valentin davon hört, eilt er nach Hause, um die Sache zu ergründen, denn er fühlt sich durch die Gerüchte um seine Schwester beschmutzt. Er zettelt eine Auseinandersetzung mit Faust/Mephisto an und wird dabei tödlich verwundet. Sterbend hält er eine theatralische Rede an seine kleine Schwester, nennt sie öffentlich eine Hure, prognostiziert ihr den Weg in die Prostitution und den Ausschluss aus der bürgerlichen Gesellschaft und der kirchlichen Gemeinschaft. Er selbst verflucht sie. Ihre Tränen weist er zurück und beschuldigt sie, ihn getötet zu haben. Valentin ist der Inbegriff kleinbürgerlich-moralischer Selbstgerechtigkeit; er hat die Familie im Stich und die Schwester allein gelassen; er hat in einem Milieu gelebt, in dem das »Mädchen-Erstürmen« ganz üblich war; er ist blind für den Schmerz seiner Schwester. Dieser Soldat ist ein in seiner Bravheit teuflischer Mensch.

Ein braver, ein teuflischer Mensch

4. Werkaufbau – Strukturskizze

In *Faust I* kann man drei Hauptabschnitte voneinander unterscheiden: Der **Zugang** zum Drama wird durch drei Prologe geschaffen (und diese drei Vorspiele beziehen sich auf beide Teile der Tragödie, auf *Faust I* und *Faust II*):

a. Zueignung,
b. Vorspiel auf dem Theater,
c. Prolog im Himmel.

Es folgt dann die **Gelehrten–Tragödie**, beginnend mit Fausts Verzweiflung (»Nacht«), weitergeführt mit Mephistos Auftreten und Pakt bzw. Wette (»Vor dem Tor«, »Studierzimmer« I und »Studierzimmer« II). Erste Reisestationen folgen: »Auerbachs Keller«, »Hexenküche«. Dem schließt sich die **Gretchen–Tragödie** an:

• Erste Begegnung und Liebesgefühle (»Straße« I, »Abend«, »Spaziergang«, »Der Nachbarin Haus«, »Straße« II, »Garten«, »Ein Gartenhäuschen« als ganz kurze Liebesszene, »Wald und Höhle«);

• Vereinigung der Liebenden und Schuld (»Gretchens Stube«, »Marthens Garten«, »Am Brunnen«, »Zwinger«, »Nacht. Straße«, »Dom«, »Walpurgisnacht«);

• Scheitern und Tod bzw. Flucht (»Walpurgisnachtstraum«, »Trüber Tag, Feld«, »Nacht, offen Feld«, »Kerker«).

Von den drei Prologen aus ergeben sich Bezüge zu *Faust II*, und auch die Wette zwischen Faust und Mephisto führt die Handlung in den zweiten Teil der Tragödie weiter. Deshalb ist es für das Verständnis des *Faust I* nützlich, die Gesamtstruktur des Dramas im Blick zu haben.

34 4. WERKAUFBAU – STRUKTURSKIZZE

In der **Zueignung** macht sich der Dichter sein gesamtes Werk (1. und 2. Teil) neu zu eigen; es drängt ihn zur Weiterarbeit. Im **Vorspiel auf dem Theater** wird auf die Dichtung und ihr Verhältnis zur Theaterpraxis reflektiert. Es wird klargestellt: alles Folgende ist Fiktion, auch die Erlösung ist gespielt. Die Sphärenharmonie, die den **Prolog im Himmel** durchtönt und alles Gefahrvoll-Nächtliche in sich integriert, wird im Geistergesang in der ersten Szene von *Faust II* wieder aufgenommen und schließlich durchklingt die Sphärenharmonie auch die »Bergschluchten« in den Schlussszenen des Gesamtdramas.

Aus den verzweifelten Selbstreflexionen Fausts ist seine Offenheit für den Teufel erwachsen. Es kommt zu Pakt und Wette und daraus ergibt sich die gemeinsame Reise zunächst in die »kleine«, dann in die »große Welt«. »Kleine Welt« (in *Faust I*): Saufen, Liebe, orgiastische Sexualität; »große Welt« (*Faust II*): Eintritt in das höfische Leben, Erschließung der Sphäre des Ästhetisch-Schönen, Vereinigung von Antike und Abendland, Ausüben von politischer, kolonialer und ökonomischer Herrschaft.

Der verzweifelten Selbstreflexion Fausts in den Szenen der »Gelehrten–Tragödie« entspricht das ruhige Selbstgespräch in der »Wald und Höhle«-Szene in der Mitte der »Gretchen–Tragödie«. Bis zu dieser Szene kann man in der »Gretchen–Tragödie« eine aufsteigende Handlungslinie erkennen (Entfaltung der Liebesbeziehung); jetzt schlägt die Handlung um, in der »Wald und Höhle«-Szene findet die Peripetie statt (griech. Peri-petie = Herum-kippen): Faust kann und will sich nicht mehr zurückhalten, und in einer konsequent abfallenden Handlungslinie steuert das Geschehen auf die Katastrophe, die Trennung der Liebenden und die Hinrichtung Gretchens, zu.

4. WERKAUFBAU – STRUKTURSKIZZE 35

Strukturskizze: *Faust I*

Vorspiele:

> Zueignung
> Vorspiel auf dem Theater >
> Prolog im Himmel >

} **3 Szenen**

Gelehrten–Tragödie:

> Verzweiflung (»Nacht«)
> [*Selbstreflexion*]
> Ins Freie
> Teufelsbegegnung, Pakt und Wette >
> Reise in die »kleine Welt«

} **6 Szenen**

Gretchen-Tragödie:

> Entfaltung der Liebesbeziehung
>   Innehalten (»Wald und Höhle«)
> *Peripetie* >   [*Selbstreflexion*]
>   und rücksichtsloses Vorwärtsstürmen
> Zusteuern auf die Katastrophe >
> Faust flieht und lässt Margarete zurück

} **18 Szenen**

Die Pfeile (>) markieren die Dramenteile, die in *Faust II* explizit weitergeführt werden.

5. Wort- und Sacherläuterungen

28 **Äolsharfe:** Windharfe.

420 **Nostradamus:** Astrologe, Naturforscher (1503–66); seine Voraussagen (1555 publiziert) erregen bis heute Aufmerksamkeit.

Vor 430 **Makrokosmos:** Weltall.

Vor 440 **Erdgeist:** Nach dem mythologischen Lexikon Benjamin Hederichs (1770) die deutsche Bezeichnung für den »Daemogorgon«, das erste und ursprüngliche Wesen aller Dinge oder auch die Natur selbst.

518 **Famulus:** Gehilfe eines Professors (»Hiwi«).

618 **Cherub:** Engel, mit dem Flammenschwert das Paradies bewachend.

690 **Phiole:** kugelförmiges Glasgefäß mit langem Hals.

824 **Plan:** offener Tanzplatz.

845 **karessieren:** liebkosen.

878 **St. Andreas' Nacht:** 30. November.

1021 **Venerabile:** Monstranz mit Hostie (vom Priester zur Krankensalbung, zur »letzten Ölung« mitgebracht).

1038 **Adepten:** (in der Alchemie:) eingeweihte Schüler.

1042 **roter Leu:** Quecksilberoxid.

1043 **Bad der Lilie:** Salzsäure.

1047 **junge Königin:** Quecksilberchlorid (giftig).

1050 **Latwergen:** Arzneien.

1116 **Dust:** Staub.

1141 **lispeln englisch:** flüstern wie Engel.

1177 **Skolar:** Student, Lehrling.

Vor 1224 **Volum:** ein Band in einer Bücherreihe.

1223 **Wort:** Joh.1,1: das schwierig zu übersetzende griechische Wort »logos« liegt zugrunde.

5. WORT- UND SACHERLÄUTERUNGEN 37

1258 **Salomonis Schlüssel:** Name eines mittelalterlichen Zauberbuchs.

1273 **Salamander:** für das Element Feuer (vgl. Feuersalamander).

1274 **Undene:** Undine (weiblicher Wassergeist, Meerjungfrau).

1275 **Sylphe:** männlicher Luftgeist.

1276 **Kobold:** Erdgeist, Geist der Verwirrung.

1290 **Incubus:** Buhlteufel, der die Ehegatten narrt.

1300 **dies Zeichen:** Kreuz.

1306 **nie Entsprossnen:** Christus ist von Ewigkeit zu Ewigkeit, in seiner Existenz ohne Anfang.

1307 **Unausgesprochnen:** Fülle der Namen Christi ist unaussprechlich.

1308 **Durch alle Himmel Gegossnen:** Christus erfüllt alle Himmel.

1309 **Durchstochnen:** Am Kreuz wurde Christus mit der Lanze durchbohrt.

1319 **Das dreimal glühende Licht:** Licht der Dreieinigkeit.

Vor 1322 **Scholastikus:** ein reisender Student.

1324 **Casus:** Fall.

1334 **Fliegengott:** Schimpfname für den Gott Baal; wird im Neuen Testament als Name für den Teufel verwandt (»Beelzebub«).

1395 **Drudenfuß:** Pentagramm, gegen böse Geister gezeichnet.

1636 **Geier:** Ein Geier fraß tagsüber die Leber des an den Kaukasus gefesselten Prometheus, die dann nachts wieder nachwuchs (Strafe des Zeus an Prometheus wegen dessen Feuerraub).

1710 **Wie ich beharre:** sobald ich verweilen will.

1802 **Mikrokosmos:** Menschenwelt.

38 5. WORT- UND SACHERLÄUTERUNGEN

1808 **ellenhohe Socken:** Kothurn-, heute Plateau-Schuhe.

1837 **ennuyieren:** langweilen.

1911 **Collegium Logicum:** Vorlesung über Logik.

1913 **spanische Stiefeln:** Folterwerkzeug.

1940 **Encheiresin naturae:** Handgriff der Natur.

1959 **Paragraphos:** Lehrbuchabschnitte.

2000 **Jota:** das griechische ›i‹; hier: eine Winzigkeit.

2047 **Eritis sicut Deus, scientes bonum et malum:** Ihr werdet sein wie Gott und wissen, was gut und böse ist (1. Mose 3,5; in der Fassung der »Vulgata«, der lateinischen Bibelübersetzung).

2049 **Muhme:** Tante.

2069 **Feuerluft:** Montgolfier erfand 1782 den von erhitzter Luft aufsteigenden Ballon.

2111 **Kobold:** vgl. V. 1276 und 1290.

2113 **Blocksberg:** im Harz: Ort der bald folgenden Walpurgisnacht-Szene.

2154 **Platte:** Glatze (als Zeichen der Mönche).

2189 **Rippach:** Dorf zwischen Naumburg und Leipzig.

2190 **Herren Hans:** Witzfigur in Leipzig.

2254 **judizieren:** urteilen.

2388 **Discours:** Argumentationsgang.

2590 **Walpurgis:** Nacht vom 30. April zum 1. Mai, Hexennacht.

2604 **Helenen:** Helena, schönste Frau des Altertums.

2605 **schönes Fräulein:** Anrede an eine unverheiratete Frau aus adligem Haus.

2623 **Stuhl:** Beichtstuhl.

2652 **welsche Geschicht':** erotische Erzählung aus Frankreich oder Italien.

2759 **Thule:** sagenhaftes Königreich, ganz im Norden.

2761 **Buhle:** Geliebte.

5. WORT- UND SACHERLÄUTERUNGEN 39

2826 **Himmels-Manna:** himmlische Speise.

3037 **Sancta Simplicitas:** heilige Einfalt.

3337 **Zwillingspaar:** Anspielung auf die Brüste der Geliebten (nach dem *Hohen Lied Salomonis*, das Goethe 1775 teilweise übersetzt hat; hier Bezug auf 4,5).

3341 **Gelegenheit machen:** verkuppeln.

3523 **wurde ... katechisiert:** musste Prüfungsfragen nach dem Katechismus-Wissen beantworten.

3556 **kurtesiert':** machte den Hof.

3561 **Blümchen:** Jungfräulichkeit.

3575 **Kränzel:** Brautkranz (als Symbol der Jungfräulichkeit der Braut).

Nach 3586 **Zwinger:** Raum zwischen äußerer und innerer Stadtmauer.

3590 **Schwert im Herzen:** Prophezeiung Simeons an Maria, es werde ein Schwert durch ihre Seele dringen (Lukas 2,35).

3715 **Blutbann:** Gericht für schwere Verbrechen.

3753 **Metze:** Hure.

Nach 3775 **Amt:** Gottesdienst, Messe.

3798 f. **Dies irae ...:** Tag des Zorns, jener Tag wird die Welt zu Asche verbrennen.

3813 ff. **Judex ergo ...:** Wenn der Richter also zu Gericht sitzen wird, wird alles Verborgene offenbar werden und nichts ungestraft bleiben.

3825 ff. **Quid sum ...:** Was werde ich Elender dann sagen, wen um Fürsprache bitten, da doch kaum der Gerechte sich sicher fühlen kann.

3834 **Fläschchen:** Riechfläschchen gegen eine Ohnmacht.

3834 **Vgl.** V. 2590.

3959 **Herr Urian:** Name für den Teufel.

3962 **Baubo:** eine Hexe (ursprünglich eine Dienerin, die

40 5. WORT- UND SACHERLÄUTERUNGEN

versuchte mit derben Witzen ihre in Trauer versunkene Herrin Demeter zu erheitern).

4023 **Junker Voland:** Name für den Teufel.

4119 **Lilith:** Von Mephisto als Adams erste Frau gedeutet (Spekulation auf dem Hintergrund von Widersprüchlichkeiten zwischen den Schöpfungsberichten in 1. Mose 1 und 1. Mose 2), verführerische Buhlteufelin.

4144 **Proktophantasmist:** Phantasmist = Geisterseher, Proktos = der Hintern. Satirische Anspielung auf den Aufklärungsphilosophen Friedrich Nicolai.

4164 Vgl. V. 1837.

4173 **soulagiert:** Linderung verschafft, erleichtert.

4194 **Meduse:** Schreckbild (in der griechischen Mythologie), dessen Anblick die Menschen versteinern ließ.

4208 **Perseus:** griechischer Held, der die Meduse köpfte.

4214 **Servibilis:** Dienstfertiger.

Vor 4223 **Walpurgisnachtstraum oder Oberons und Titanias Goldne Hochzeit:** Spiel im Spiel, voll satirisch-zeitgenössischer Anspielungen (die hier nicht im Detail erklärt werden). Oberon und Titania sind ein Elfenkönigspaar, dessen Streit und Versöhnung in Shakespeares *Sommernachtstraum* dargestellt werden.

4590/92 **Glocke, Stäbchen, Blutstuhl:** Hinweise auf die Rituale im Zusammenhang mit der Hinrichtung.

6. Aspekte zur Interpretation

Beobachtungen zur Form

Nach Goethes eigener Aussage ist der *Faust* eine »inkommensurable Produktion«, also etwas Unvergleichliches, etwas, das in kein Schema passt. Weder werden die Einheiten von Raum, Zeit und Handlung beachtet noch ist Faust eine psychologisch konsistente oder realistische Figur. Rascher Szenen- und Stimmungswechsel bestimmt das ganze Drama. Während *Faust I*, abgesehen von Fausts Verjüngung um etwa 30 Jahre, noch der Logik zeitlicher Abläufe folgt, durchmisst *Faust II* scheinbar willkürlich die Epochen der abendländischen Geschichte. Das ganze Drama wird in den Einleitungs- und Schlussszenen obendrein noch in die Tradition des »Theatrum mundi«, des Welttheaters spanisch-barocker Prägung, gestellt. Dort ist die Welt als Bühne gedacht, auf der die Menschen ihre Rolle spielen, bis Gott über sie urteilt. Dort (z. B. in den Dramen Calderons) bleibt Gott der Richter und der Regisseur; Goethe macht auch Gott zu einer Spielfigur.

In seiner Vielfältigkeit und Zerrissenheit knüpft der *Faust* des Klassik-Repräsentanten Goethe an die Sturm und Drang-Dramen an und entwickelt den Typus des offenen Dramas weiter.

Metrische Formen

Dementsprechend vielfältig sind die im Drama verwendeten Versmaße: der am häufigsten verwendete Vers ist der **Madrigalvers** (z. B. V. 300–307). Er ist charakterisiert durch ein

42 6. ASPEKTE ZUR INTERPRETATION

jambisch alternierendes Metrum mit freier Hebungszahl
und freier Reimstellung. Verse mit fünf oder sechs Hebun-
gen können mit Kurzversen (nur zwei oder drei Hebun-
gen) wechseln; Paar- oder Kreuzreime, umarmender oder
schweifender Reim: alles ist möglich. Durch die Kurzverse
lassen sich (besonders in den Reden Mephistos) die Pointen
scharf herausarbeiten. – Fausts bekannter Eingangsmonolog
(V. 354 ff.) beginnt mit **Knittelversen**. Dieser Vers hat in der
Regel vier Betonungen, und zwischen bzw. vor den betonten Silben können unterschiedlich viele unbetonte Silben
stehen. Häufig sind die Knittelverse durch den Paarreim
strukturiert. Diese Verse wirken holzschnittartig; heftige
Gefühlsausbrüche können in ihnen gestaltet (und zugleich
auch ironisiert und bloßgestellt) werden. Der Knittelvers
hat auch etwas ›markig Urdeutsches‹ (als Vers etwa des
spätmittelalterlichen Hans Sachs) und passt deshalb gut
ins historische Ambiente der Faust-Handlung. – Wenn
sich das Sprechen etwas beruhigt, kann dieser Vers in einen regelmäßig **alternierenden Vierheber** übergehen (z. B.
V. 386–393). Durch das regelmäßige Auf und Ab ergibt sich
ein fließender Klangcharakter. – Etwas ernster und erhabe-
ner klingen die reimlosen Fünftakter, die als **Blankverse**
bezeichnet werden und für das klassische deutsche Drama
(vom *Nathan* bis zum *Wallenstein*) kennzeichnend sind. –
Wenn die Sprache leidenschaftlich bewegt ist, wechseln die
Verse in metrisch ungebundene und reimlose **freie Rhythmen** (z. B. V. 3191–3194).

Die Übergänge zwischen den Versarten sind manchmal
fließend: so kann der Madrigalvers in regelmäßig vier- oder
fünftaktige Verse übergehen; oder umgekehrt können regelmäßige Viertakter in Madrigalverse oder freie Rhythmen
einmünden.

6. ASPEKTE ZUR INTERPRETATION **43**

Deutlich abgegrenzt sind die Chöre und Lieder, die das Drama durchziehen: die volksliedhaften Strophen Gretchens, die anzüglichen Lieder Mephistos, die schwerelos-geheimnisvollen Geistergesänge und Hymnen (Letztere zumeist in zweihebigen Kurzversen).

Die »Zueignung« ist als **Stanze** (Oktave) geschrieben: Auf drei durch Kreuzreim verknüpfte Zeilenpaare (ababab) folgt als sentenzartiger Abschluss ein Reimpaar (cc). Die fünfhebigen Jamben enden in den Kreuzreimversen wechselnd mit weiblichem und männlichem Ausgang.

Symbolik der Räume

Entsprechend der »offenen Form« des Faust-Dramas wird das Handlungsganze durch ein Geflecht wiederkehrender Motivelemente verknüpft. Dass die Handlungsstruktur zugunsten einer Symbolstruktur an Bedeutung verliert, verstärkt sich in *Faust II*, während in *Faust I* die Studierzimmer-Szenen und die Szenen der Gretchen-Tragödie noch in unmittelbarer und handlungsmäßig nachvollziehbarer Ordnung aufeinander folgen. Aber auch im *Faust I* hat jede Ortsangabe ihre symbolische Bedeutung, jede Szene eröffnet einen charakteristischen Raum: Wenn Faust im **engen gotischen Zimmer** gezeigt wird, dann herrscht in seinem Inneren Dunkelheit, dann fühlt er sich auch beengt und eingezwängt. **Vor dem Tor** meint dementsprechend nicht den Zufallsort eines sonntäglichen Spaziergangs, sondern tatsächlich einen Gang ins Freie, ins Offene, in einen Raum jenseits der bürgerlich-zivilisatorischen Einschränkungen (freilich noch im Schutzbereich der Mauern der Stadt). Wenn Faust Gretchen auf der **Straße** trifft, sagt das zugleich

44 6. ASPEKTE ZUR INTERPRETATION

aus, dass Margarete sich durchaus allein in den öffentlichen Raum traut, dass sie sich nicht in Gruppen oder hinter den häuslichen Mauern verbirgt. Ihr **kleines reinliches Zimmer** wird von Faust zwar »Kerker« genannt (V. 2694), aber im Gegensatz zum Studierzimmer schnürt diese Enge nicht ein, das Zimmer ist nicht chaotisch-überfüllt; für Gretchen ist dieser Raum ein Rückzugsort, wo sie vorbehaltlos und ohne jede Angst sie selbst sein kann. Die **Garten**-Szenen zeigen den Ort der Annäherung der Liebenden (und zugleich der Ausweichmanöver Mephistos vor den Zudringlichkeiten der Marthe Schwerdtlein), und damit wird symbolisch gesagt, dass die Liebenden sich zwar außerhalb des geregelten häuslichen und kleinstädtischen Lebens befinden, dass sie im Freien sind, aber dass sie sich nicht in einem ›Wald der Gefühle‹ verirrt haben. Zugleich ist der (Paradies-)Garten aber auch der Ort der Verführung und des Sündenfalls.

Wald und Höhle: Faust ist geborgen, er hat sich wie ein Kind zusammengekauert und sich zurückgezogen. Aber sein Versteck liegt in der Wildnis, im Dickicht der verworrenen Gefühle. Mit Gewalt wird er versuchen sich seinen Weg heraus zu bahnen. – Gretchen fleht in ihrer Not zur Muttergottes im **Zwinger**; in diesem Kontext heißt das beides: sie findet einen Schutzraum bei der Madonna *und* sie ist zwischen zwei Mauern eingeschlossen; gerade das religiöskirchliche Milieu wird sie erdrosseln. – Im Zwielicht des **trüben Tags** versucht Faust, nach der Entfesselung der Sexualität während der Walpurgisnacht mit seinem Gewissen ins Reine zu kommen; aus dem (Paradies-)Garten der Liebe ist er vertrieben, vom Berg der Orgie herabgestiegen, und nun steht er auf offenem **Feld** und versucht (ohne Erfolg) die Schuld auf Mephisto zu schieben.

6. ASPEKTE ZUR INTERPRETATION 45

Motivstruktur

Das ganze Drama ist von Bildsymbolen durchzogen. Licht und Schwerelosigkeit kennzeichnen die göttliche Sphäre, zu Mephisto gehört die Materie und das Dunkel; der Mensch ist dem Trüben zugeordnet, dem Zwischenreich. Er ist materiell, kann aber Licht in sich aufnehmen und es in Farbe verwandeln. Fausts Streben nach dem Unbedingten äußert sich als **Sehnsucht nach dem Licht**. Dass er der Flammenbildung weichen muss (V. 499), dass er der Abendsonneglut nicht nacheilen kann (V. 1070 ff.), dass er »vom Augenschmerz durchdrungen« (*Faust II*, V. 4703) sich von der Sonne abwenden muss, all dies Negative weist darauf hin, dass es dem Menschen zukommt, das Leben nur am farbigen Abglanz zu haben. Das im Regenbogen gebrochene oder das vom Mond reflektierte Licht entspricht dem menschlichen Maß. Das Mondlicht erlaubt eine ruhige Betrachtung (V. 390 ff.; 3235 ff.), im Dämmerschein entfaltet sich die Wirklichkeit (V. 2687). Der Regenbogen wird in der ersten Szene des *Faust II* zu *dem* Symbol der menschlichen Erkenntnismöglichkeiten.

Eng verwandt mit der Lichtsymbolik ist das immer wieder auftauchende **Motiv des Fliegens**: zum Selbstmord bereit glaubt sich Faust auf einen heranschwebenden Feuerwagen gehoben (V. 702). Am Ostertag sehnt er sich »hinauf und vorwärts« (V. 1093) und wünscht sich einen »Zaubermantel«, der ihn in fremde Länder tragen könnte (V. 1122). Mephisto ermöglicht ihm während der Walpurgisnacht und zurück auf dem Weg zu Gretchens Kerker Zauberritte durch die Luft.

Im Regenbogen-Symbol verschmelzen die Licht- und **Wasser-Symbolik** auf enge Weise. Steht das Licht für die

46 6. ASPEKTE ZUR INTERPRETATION

Erkenntnis und die göttliche Sphäre, so ist Wasser das Symbol der Verlebendigung und des Lebens überhaupt. Faust sieht und bewundert im Nostradamus-Buch das Zeichen des Makrokosmos; in der daraus entspringenden intuitiven und belebenden Erkenntnis »badet« die »ird'sche Brust im Morgenrot« (V. 445 f.). Der Erdgeist (als »Daemogorgon« in der antiken Mythologie Inbegriff der Natur selbst) ist in »Lebensfluten« tätig. Was Faust dagegen zur Verzweiflung treibt, ist die Sphäre des Trockenen, des Erstarrten. Sein Famulus Wagner ist Repräsentant dieser Sphäre (»der trockne Schleicher«, V. 521). Doch auch er selbst, Faust, sehnt sich vergebens nach den »Quellen alles Lebens«, nach den Brüsten der Natur (V. 456). Beim Osterspaziergang realisiert Faust, dass sich das Starre verflüssigt, dass das Eis schmilzt und das Leben neu fließt. Wenn jemand weinen kann, ist dies sinnfälliger Ausdruck dafür, dass die Lebenssäfte wieder fließen. Im melancholisch-depressiven Zustand stocken die Säfte, und die Tränen sind Indiz für das sich erneuernde Leben. Schon in der »Zueignung« (V. 29) stehen Tränen für die Verlebendigung des Verlorenen in der Kunst. Und als Faust im letzten Moment vom Selbstmord abgehalten wird, zeigen seine Tränen, dass er fürs Leben wiedergewonnen wurde (V. 784). Natürlich ist das Wasser ein ambivalentes Symbol und kann auch Gegenteiliges, also Todbringendes, bedeuten: es kann zum Symbol der Vernichtung werden (V. 3350), es kann auf ein Sich-Verlieren hinweisen (V. 1065 und 1511).

6. ASPEKTE ZUR INTERPRETATION 47

Faust, eine Tragödie?

Goethe bestand darauf, seinen *Faust* eine Tragödie zu nennen. Das überrascht, wenn man weiß, dass am Ende von *Faust II* Mephisto die Wette (vielleicht zu Unrecht) verliert und Faust gerettet wird. Schon der »Prolog im Himmel« hatte festgeschrieben, dass Mephisto Gott als »Herrn« anerkennt und dass dieser Herr den Teufel als Instrument einsetzt, um Faust anzustacheln und in seiner Ruhe aufzustören und ihn so auf dem rechten Weg in die Klarheit führen zu können. Wenn der Handlungsrahmen so abgesteckt ist, ist der Stoff eigentlich nicht ›tragödienfähig‹. Anders verhält es sich mit den Abschnitten der Gretchen-Handlung. Margarete macht einen Veränderungs- und Reifungsprozess durch. Sie folgt ihrer Liebe auf unbedingte Weise und scheitert deshalb notwendigerweise an ihrer Umwelt und den herrschenden gesellschaftlichen und kirchlichen Normen. Ohne Böses zu wollen, wird sie schuldig am Tod ihrer Mutter und ihres Bruders. In den Wahnsinn getrieben tötet sie ihr Kind. Margarete stellt sich dem über sie verhängten Gericht und wächst über sich hinaus, indem sie jede Kompromissmöglichkeit (Flucht aus dem Gefängnis) ausschlägt und sich zu opfern bereit ist. Das ist ohne Zweifel tragisch.

Aber die Faust-Handlung verläuft anders: Am Ende flieht Faust, verdrängt das Geschehene und wird sogar noch gerettet. Wie bedenkenlos dieser Repräsentant menschlichen Strebens immer wieder (dann auch in *Faust II*) andere Menschen zugrunde richtet und wieviel Neuanfänge und wieviel Vergessen ihm ermöglicht werden müssen, wirft für den Zuschauer bange Fragen auf und wirft ein tragisches Licht auf die Geschichte des neuzeitlichen Menschen. Wenn man sich

48 6. ASPEKTE ZUR INTERPRETATION

als Leser dann noch vergegenwärtigt, dass der gute Ausgang
zwar von Anfang an durch »den Herrn« garantiert ist, dass
aber »der Herr« eine Theaterfigur ist und dass alle Götter nur durch »des Menschen Kraft, im Dichter offenbart«,
leben (V. 156), dann zeigen sich gefährliche Risse in der
Konstruktion des Ganzen. Dies Welttheater kann sehr wohl
zur Tragödie werden, es kann alles zur Hölle fahren. Und
deshalb muss mit allem Ernst gegen diese Negativmöglich-
keiten angespielt werden.

7. Goethe. Zu seiner Biographie und seiner Auseinandersetzung mit dem Faust-Thema

Johann Wolfgang Goethe wurde am 28. 8. 1749 in der Freien Reichsstadt Frankfurt in einer gutbürgerlichen Familie geboren. Sein Vater Dr. jur. Johann Casper Goethe war Kaiserlicher Rat. Da die Familie vom ererbten Vermögen leben konnte, hatte der Vater die Zeit, seinen Sohn in die Literatur der europäischen Aufklärung einzuführen und ihn sechs Sprachen lernen zu lassen. Die gegenüber dem recht strengen Vater eher großzügige Mutter öffnete dem Jungen die Welt des Gefühls und stand zugleich für praktische Lebensklugheit. In seiner Autobiographie *Dichtung und Wahrheit*, die Goethe ab 1811 zu veröffentlichen begann, stellt er dar, welche Bedeutung Puppentheaterbesuche für ihn als Kind hatten. Dort lernte er den Faust-Stoff kennen: »Die bedeutende Puppenspielfabel [...] klang und summte gar vieltönig in mir wider.«

Faust *als Puppenspiel*

Ein erster Studienversuch in Leipzig (1765–68) endete ohne Erfolg. Der junge Goethe kehrte erkrankt nach Frankfurt zurück und erholte sich nur langsam. In pietistischen Kreisen Frankfurts kam er mit pansophisch-spekulativen und alchemistischen Schriften in Berührung (und später wird Faust entsprechendes Wissen haben!). 1770 begann Goethes Studienzeit in Straßburg. Im Kontakt mit Johann Gottfried Herder und angeregt durch Shakespeare-Lektüre und die Bewunderung der gotischen Baukunst (am Beispiel des Straßburger Münsters) schloss sich ein Kreis junger Intellektueller zusammen. Es entwickelte sich die literarische

50 7. GOETHE. BIOGRAPHIE UND FAUST-THEMA

Bewegung des »Sturm und Drang«. Goethe besuchte das nördlich von Straßburg gelegene Sessenheim (so wurde der Ort damals geschrieben, und so findet man ihn auch heute auf den Landkarten), und in seinen »Sesenheimer Liedern« verarbeitete er die Liebe zu der dortigen Pfarrerstochter Friederike Brion. Binden wollte und konnte sich der junge Mann noch nicht, hier im Elsass ebenso wenig wie vorher in Leipzig oder wenige Jahre später in Frankfurt an die ihm anverlobte Bankierstochter Lili Schönemann. Die Trennung von der Sessenheimer Geliebten hat sich offenbar nicht in angenehmen Formen vollzogen und Jahre später notiert (und veröffentlicht) Goethe sein Bekenntnis: »hier war ich zum erstenmal schuldig; ich hatte das schönste Herz in seinem Tiefsten verwundet« (*Dichtung und Wahrheit*, 12. Buch). In ähnlicher Weise wird Faust an Margarete schuldig.

Friederike Brion und die Gretchen-Figur

Nach Abschluss seines juristischen Studiums ging Goethe 1772 nach Wetzlar an das Reichskammergericht. Seine Beziehung zu Charlotte Buff und den Selbstmord des jungen Carl Wilhelm Jerusalem verarbeitete Goethe, der seit 1773 wieder in Frankfurt lebte, in seinem aufsehenerregenden *Werther*-Roman (1774). Insgesamt war diese Zeit künstlerisch äußerst produktiv: Goethe arbeitete den *Götz von Berlichingen* aus, *Clavigo* schrieb er in wenigen Wochen, wichtige Gedichte (wie das *Prometheus*- und das *Schwager Kronos*-Gedicht) entstanden in dieser Zeit, er konzipierte Dramen wie *Stella* und *Egmont*, und er begann mit der Arbeit am *Faust*. Den Frankfurter Prozess 1772 gegen die Kindsmörderin Susanna Margaretha Brandt hatte der junge Jurist aufmerksam verfolgt, und die Verhandlung

Prozess gegen eine Kindsmörderin

Johann Wolfgang Goethe
Kreidezeichnung von Johann Heinrich Lips, 1791

52 7. GOETHE. BIOGRAPHIE UND FAUST-THEMA

gegen die junge Frau und ihre öffentliche Hinrichtung wurden weitere Quellen für die Faust- bzw. Gretchen-Tragödie.

1775 kam eine entscheidende Wende in Goethes Leben. Eingeladen vom Erbprinzen (und späteren Herzog) Karl August ging Goethe nach Weimar. In der Hauptstadt des Herzogtums Sachsen-Weimar-Eisenach erlebte er eine steile politische Karriere. Er wurde Mitglied des Geheimen Rats und war in diesem Regierungsgremium zuständig für den Bergbau, den Wegebau, das Rekrutenwesen, für die Jenaer Universität und später für das Weimarer Hoftheater. 1782 wurde Goethe geadelt und übernahm die Finanzverwaltung des Herzogtums. In Charlotte von Stein gewann Goethe eine verständnisvolle ältere Freundin. Sie stand gleichsam Modell für wichtige Frauengestalten in Goethes dramatischen Arbeiten während dieser Jahre: für Iphigenie in dem gleichnamigen Drama (1779 geschrieben, aber erst 1786 in Verse gefasst und umgearbeitet) und für die Prinzessin im *Tasso*.

Mit seinen Arbeiten am *Faust* kam Goethe in den ersten Weimarer Jahren nicht weiter. Aber er las am Hof aus den schon fertig gestellten Teilen vor; sie wären verloren gegangen, wenn nicht ein Weimarer Hoffräulein (Luise von Göchhausen) eine Abschrift gefertigt hätte, die Ende des 19. Jahrhunderts wieder entdeckt und als *Urfaust* publiziert wurde.

> Urfaust

Im Herbst 1786 verließ Goethe den Weimarer Hof und machte sich von Karlsbad (wo er zur Kur weilte) nach Italien auf. Wie eine Befreiung wirkte diese Reise in den Süden: endlich war Zeit da für Spontaneität und erotische Entfaltung, für das Studium der Antike und naturwissenschaftliche Forschungen, für die Überarbeitung älterer Werke und auch für die Weiterarbeit am *Faust*. Die neuen Szenen wur-

7. GOETHE. BIOGRAPHIE UND FAUST-THEMA 53

den zusammen mit *Faust*-Szenen aus den 70er Jahren 1790 veröffentlicht: *Faust. Ein Fragment.*

1788 kehrte Goethe nach Weimar zurück. Er ließ sich von den Regierungsgeschäften weitgehend entlasten. Seine Verbindung zu Christiane Vulpius (1789 schon wurde der Sohn August geboren, und 1806 heirateten die beiden) erregte Aufsehen in Weimar; vor allem Frau von Stein reagierte unwillig.

Wenige Jahre nach der von Goethe abgelehnten Französischen Revolution (1789) und mitbedingt durch die daraus resultierende politische Ratlosigkeit begann die Phase der fruchtbaren Zusammenarbeit und Freundschaft mit Friedrich Schiller. Seit 1794 entwickelten Schiller und Goethe ein Konzept ästhetischer Bildung, das zum Inbegriff der »Weimarer Klassik« wurde. Schiller war es, der den Freund drängte, die Arbeit am *Faust* weiterzuführen. 1797 nahm Goethe konzentriert die Arbeit wieder auf. Ein Gesamtentwurf wurde gefertigt und aufs Ganze bezogen schrieb er die »Zueignung«. Im Herbst 1800 entschied Goethe im Zusammenhang mit seiner Arbeit an der Helena-Szene (jetzt in *Faust II*), das Werk in zwei Teile zu gliedern. Es kam zu erneuten Verzögerungen, doch 1808 konnte *Faust I* zur Oster-Buchmesse erscheinen. Der nun 59-Jährige fühlte sich für neue Arbeiten frei: für seine *Farbenlehre*, für die großen Romane *Die Wahlverwandtschaften* und *Wilhelm Meister* und für die Gedichtsammlung *West-östlicher Divan* im Zusammenspiel mit der geliebten Marianne von Willemer.

> Faust I
> fertiggestellt

1816 (im Todesjahr seiner Frau) entwarf Goethe einen Plan für *Faust II*, wusste aber nicht, ob und wie er die Arbeit voranbringen könnte. 1823 traf er nach schwerer Er-

54 7. GOETHE. BIOGRAPHIE UND FAUST-THEMA

krankung in Marienbad die junge Ulrike von Levetzow und
spricht von seiner neuen Liebe und seiner Enttäuschung
in den *Marienbader Elegien*. Neu belebt machte sich der
75-Jährige an die Arbeit: im Herbst 1831

Faust II

wurde die Reinschrift für *Faust II* abgeschlossen. Goethe schrieb erleichtert ins Ta-
gebuch: »Das Hauptgeschäft zustande gebracht« (22.7.
1831). Das fernere Leben betrachtete er nunmehr als reines
Geschenk »und es ist jetzt im Grunde ganz einerlei, ob und
was ich noch etwa tue« (6.6.1831). Im Frühjahr 1832 starb
Goethe.

In seinem Nachlass fand man noch handschriftliche Aus-
arbeitungen zur »Walpurgisnacht«-Szene,

Walpurgisnacht-
Szenen
im Nachlass

die er in die von ihm versiegelte endgültige
Faust-Fassung nicht aufgenommen hatte.
Goethe selbst hatte angekündigt, dass in seinem »Walpurgissack« noch Sachen zu finden
seien, die ihm die Deutschen nicht sobald vergeben würden.
Tatsächlich wurden die von Goethe ausgesonderten Teile
dieser Szene (die der »Liturgie« einer Teufelsmesse folgen)
erst Ende des 19. Jahrhunderts unzensiert und vollständig
publiziert. Und bis in die Gegenwart streiten sich die
Experten darum, welcher Fassung der »Walpurgisnacht«
Goethe heute wohl den Vorzug gäbe. Auch unter diesem
Aspekt gilt Goethes eigenes Wort zu seinem *Faust*, er sei so
angelegt, »damit alles zusammen ein offenbares Rätsel blei-
be, die Menschen fort und fort ergetze und ihnen zu schaffen mache« (so an Zelter, 1.6.1831).

8. Der Faust-Stoff und seine Rezeption

Goethes *Faust* steht in einer langen literarischen Tradition, die mit dem *Faustbuch* von 1587 begonnen hat und mit Thomas Manns *Doktor Faustus* von 1947 noch längst nicht beendet ist. All dies geht zurück auf eine historische Gestalt, einen Georgius Faustus, aus der Reformationszeit. Um diesen Mann mit dem Gelehrtennamen »faustus« (»der Glückliche«) rankten sich schon zu seinen Lebzeiten wilde Spekulationen und Gerüchte. Zwischen 1460 und 1470 soll er in Knittlingen bei Maulbronn (oder in Helmstedt bei Heidelberg) geboren worden sein. 1483 hat sich Faustus in Heidelberg immatrikuliert. Der Abt Johannes Trithemius von Sponheim nennt ihn 1507 einen Scharlatan. In den Akten des Bischofs von Bamberg fand sich ein von Faustus erstelltes Horoskop für den Bischof. 1536 wird er das letzte Mal erwähnt. 1539 gilt er als verstorben. Der Legende nach soll ihn der Teufel in Staufen im Breisgau erwürgt haben.

Der historische Faust

Luther weiß um diesen Mann und bezeichnet ihn in seinen Tischreden als Teufelsbündler. Melanchthon weiß sogar schon etwas von einem schwarzen Hund, der Faust begleitet und in dem der Teufel gesteckt habe. Allmählich löscht die Tradition den urkundlich bezeugten Vornamen Georg und ersetzt ihn durch Johannes. Goethe macht dann einen Heinrich Faust aus ihm.

Umlaufende Anekdoten und Legenden zu diesem Faust wurden im *Faustbuch* von 1587 erstmals zusammengestellt. Später, in der Romantik, publizierte Joseph Görres diese Schrift erneut unter dem Titel *Volksbuch über den D. Faust*

Das Faustbuch von 1587

56 8. DER FAUST-STOFF UND SEINE REZEPTION

(1807). Aus protestantischem Geist entsprungen, will dies
Faustbuch die Allgewalt des Teuflischen darstellen und vor
jedem Kontakt mit dem Teufel warnen. Wer sich mit dem
Teufel einlässt, so lautet die Botschaft dieses *Volksbuchs*, ist
unrettbar verloren. Goethe wird sich dieser protestantisch-
orthodoxen Sicht der Dinge widersetzen, während Thomas
Mann in seinem *Faustus*-Roman ganz bewusst *nicht* auf
Goethe, sondern auf das *Volksbuch* zurückgreift und alles,
was geschichtlich auf die Zeit des Nationalsozialismus
zuläuft, nur unter der Voraussetzung der Teufelsherrschaft
verstehen kann.

Wenige Jahre nach dem *Volksbuch* erschien in England
(1604) eine dramatische Bearbeitung des Stoffes: Christopher Marlowes *The Tragicall History of the
Life and Death of Doctor Faustus*. Marlowes
Faust ist ein skrupelloser und genusssüchti-
ger Renaissance-Mensch, der weder Hölle
noch Teufel fürchtet. Der Autor bewundert
diese Figur und zeichnet sie – auch wenn er sie am Ende
traditionsgemäß zur Hölle fahren lässt – mit einer gewissen Sympathie. Wanderbühnen brachten diesen Stoff in der
Marlowe-Fassung nach Deutschland, doch die Gottsched-
schen Theaterreformprojekte (am Beginn der Aufklärungs-
zeit im 18. Jahrhundert) entzogen diesen Bühnen die Exis-
tenzgrundlagen. Puppenbühnen nahmen in dieser Zeit die
Traditionen und dramatischen Ideen der Wanderbühnen
auf, und Goethe hat den Fauststoff in »Marlowescher Prägung« wohl als Kind im Puppentheater kennen gelernt.

Zeitgleich mit Goethe arbeitete Lessing an
einem *Faust*-Drama. Die erhaltenen Bruch-
stücke lassen erkennen, dass für Lessing For-
schen und Wissensdrang nichts Verwerfli-

Christopher Marlowes Drama

Lessings Faust-Fragment

8. DER FAUST-STOFF UND SEINE REZEPTION 57

ches mehr sind, so dass Faust zum Sympathieträger wird und am Schluss gerettet werden kann. Gerade durch einen solchen Schluss, in dem Faust gerettet wird, widerspricht auch der Goethesche *Faust* der gesamten älteren Faust-Tradition.

Hier setzte später die nationalistische und dann auch die sozialistische Vereinnahmung von Goethes *Faust* an. Wenn Fausts schuldbeladener Weg letztlich gutgeheißen wird, dann – so interpretierte man – scheint Goethe ja »das Faustische« als etwas Positives zu bewerten. Keine moralischen Bedenken zu haben, gewalttätig-»männlich« zu handeln und sich Übermenschliches zuzutrauen, wurde als »faustischer« Wesenskern deutscher Existenz propagiert. Wenn am Ende von *Faust II* Faust als Kolonialherr auftritt und wenn er beim Verfolgen seiner Ziele über

Nationalistische Interpretation des Faust

Leichen geht, so schien das akzeptabel zu sein, weil kleinliche moralische Rücksichten große Pläne eben nicht stören sollen. Die deutsch-nationalistische Lesart interpretierte Fausts Schlussworte vom »freien Volk« auf »freiem Boden« (V. 11580) als positiven Höhepunkt seines gottgewollten Strebens und glaubte, diese Worte gingen in der deutschen Kolonialgeschichte oder in der kriegerischen Eroberung von neuem »Lebensraum im Osten« in Erfüllung.

In formal völlig paralleler Argumentation glaubte Walter Ulbricht 1962 Goethes *Faust* für den DDR-Sozialismus ausnützen zu können: »Goethe ließ den alten Faust erkennen, daß allein die schöpferische, gemeinschaftliche Arbeit des

Sozialistische Interpretation

befreiten Volkes höchstes Glück birgt« (Rede im März 1962).

Goethes Faust, der im »Vorgefühl von solchem hohen

58 8. DER FAUST-STOFF UND SEINE REZEPTION

Glück« jetzt seinen »höchsten Augenblick« zu erleben glaubt, ist dagegen ein alter Mann, der in seiner Blindheit nicht sieht, was in Wirklichkeit um ihn herum geschieht: es wird sein Grab geschaufelt. Er träumt vom »freien Volk«, während er das Volk knechtet und Menschen tötet. Er phantasiert von »freiem Grund«, während er die Natur vergewaltigt. Da wo der verblendete Faust in Selbsttäuschung zugrunde geht (und allein aus Gnade errettet wird), meinten die Ideologen der totalitären Rechten wie der Linken ihn beim Wort nehmen zu dürfen. Goethe zeigt auf ironische Weise prophetisch auf, dass sowohl die nationale wie die soziale Utopie illusionär sind, Konzepte des blinden und verblendeten Faust. Die deutschnationale und die DDR-offizielle Lesart leugnen die Ironie und verherrlichen kritiklos Fausts Vision. Die Horrorvorstellung wird zum Wunschbild umgepolt, und der aufmerksame Leser kann hieraus ersehen, welcher Horror und wie viel Unterdrückung und wie viel Gewalttätigkeit gegen Andersdenkende (auch gegen Goethe!) in den jeweiligen Konzepten steckt.

Während des Zweiten Weltkriegs schrieb Thomas Mann im amerikanischen Exil seinen großen Roman *Doktor Faustus*. Ganz bewusst bezieht sich Mann dabei auf das *Volksbuch*, wenn er, in der Perspektive seines Erzählers Serenus Zeitblom, das Leben und die geistige Umnachtung des Musikers Adrian Leverkühn zur Sprache bringt. Wenn sich der deutsche Intellektuelle dem Teufel, und das meint hier: dem Irrational-Gefährlichen, anheim gibt, dann ist, aus der Sicht der Weltkriegsjahre heraus, keine Rettung mehr möglich. Was einzig bleibt, ist das Gebetsstammeln des einsamen Erzählers: »Deutschland, die Wangen hektisch gerötet, taumelte dazumal auf der Höhe wüster Triumphe, im Begriffe,

Thomas Manns
Doktor Faustus

8. DER FAUST-STOFF UND SEINE REZEPTION 59

die Welt zu gewinnen kraft des einen Vertrages, den es zu halten gesonnen war, und den es mit seinem Blute gezeichnet hatte. Heute stürzt es, von Dämonen umschlungen, über einem Auge die Hand und mit dem andern ins Grauen starrend, hinab von Verzweiflung zu Verzweiflung. Wann wird es des Schlundes Grund erreichen? Wann wird aus letzter Hoffnungslosigkeit, ein Wunder, das über den Glauben geht, das Licht der Hoffnung tagen? Ein einsamer Mann faltet seine Hände und spricht: Gott sei euerer armen Seele gnädig, mein Freund, mein Vaterland.« So lauten die Schlusssätze des Romans. Für Thomas Mann, der in seinem *Faustus*-Roman die Erfahrungen der deutschen Geschichte im 20. Jahrhundert reflektiert, bleibt »das Faustische« zwar ein faszinierendes Phänomen, aber der Pakt mit dem Teufel führt (wie im *Volksbuch*) in die Katastrophe und kann nicht (wie bei Goethe) als Moment im Prozess einer göttlichen Vorsehung und eines Wachstumsprozesses interpretiert werden.

9. Checkliste: Welche Fragen dieser Lektüreschlüssel zu beantworten versucht hat

Fragen in Kapitel 2:

1. Welches sind die drei Einleitungsszenen in *Faust I*? Warum sind sie im Rahmen von *Faust I* gar nicht richtig zu verstehen?
2. Wie beschreibt Goethe in der »Zueignung« den Schaffensprozess des Künstlers?
3. Welche gegensätzlichen Positionen vertreten im »Vorspiel auf dem Theater« der Theaterdirektor und der Dichter?
4. Was wird im »Vorspiel« über die Götter und das Göttliche gesagt? Und was bedeutet das für die Figur des »Herrn« im »Prolog im Himmel«?
5. Wie sehen die Erzengel das Weltganze? Und wie beschreibt Mephisto die Menschenwelt?
6. Welche Bedeutung hat der »Prolog im Himmel« für die Anlage des Dramas?
7. Warum wettet der Herr mit dem Teufel? Was möchte er durch die Aktivitäten des Teufels bewirken?
8. Warum ist der Teufel in all seinem Tun letztlich unfrei?
9. Was lässt Faust (zu Beginn des Dramas) so verzweifelt sein?
10. Was hält Faust vom Freitod ab?
11. Was macht Faust innerlich dazu bereit, sich mit dem Teufel einzulassen?
12. Welchen Pakt schlägt der Teufel vor und warum verschärft Faust die Abmachung zu einer Wette?

9. CHECKLISTE 61

13. Welches Bild von sich selbst hat Faust (in der Unterhaltung mit dem Teufel)?

14. Warum wird Faust nie zur Ruhe und zur Selbstzufriedenheit finden können?

15. Was geschieht in der Hexenküche? Was ist es (psychologisch gesehen), wodurch Faust so verjüngt wird?

16. Margaretes Spiel mit der Sternblume: was wird darin symbolisch zum Ausdruck gebracht?

17. Faust und Gretchen: wer ist in der Liebesbeziehung der »Aktivere«, wer der »Passivere«?

18. Warum zieht sich Faust in »Wald und Höhle« zurück? Und in welcher Gemütsverfassung verlässt er diesen Ort?

19. Warum flieht Gretchen nicht zusammen mit Faust aus dem Kerker?

Fragen in Kapitel 3:

20. Faust ist ein Repräsentant der Entwicklungsmöglichkeiten des neuzeitlichen Menschen: woran ist das zu erkennen und im Text »festzumachen«?

21. Mephisto ist Fausts Gegenspieler, eigentlich aber ist er sein anderes Ich: womit kann man diese These am Dramentext belegen?

22. Wodurch wird Faust an Gretchen schuldig? Und wie geht er mit seiner Schuld um?

23. Was macht Mephisto zu einer dramatisch-schauspielerisch so reizvollen Figur?

24. Wie werden die häuslichen Verhältnisse Margaretes charakterisiert?

25. Gretchen ist scheu und naiv – Margarete ist eine selbst-

62 9. CHECKLISTE

bewusste junge Frau: was spricht für die eine, was für die andere Behauptung? Ist eine Entwicklung festzustellen?

26. Gretchen wird zur Widersacherin Mephistos (und gerät deshalb in Widerspruch zu den teuflischen Aspekten ihres Geliebten): wodurch gewinnt sie diese Stärke?

27. Gretchen – Sulamith: was verbindet diese beiden Frauengestalten?

28. Gretchens Lied vom König in Thule, ihr Spinnradlied und ihr Gebet im Zwinger: wie spiegelt sich Gretchens Entwicklung in diesen Texten?

29. Welche Formelemente unterstützen in den beiden Liedern die Aussagen der Texte?

30. Valentin – ein teuflisch-braver Mensch: was heißt das?

Fragen in Kapitel 4:

31. Welche drei Teile lassen sich in *Faust I* unterscheiden?

32. Wo liegt der Wendepunkt (die Peripetie) in der Gretchen–Tragödie? Wann schlägt die aufsteigende in eine verhängnisvoll fallende Handlung um?

33. Welche Szenen des Dramas sind der Selbstreflexion Fausts überlassen?

Fragen in Kapitel 6:

34. *Faust* ist von der Form her eher ein offenes als ein klassisch-geschlossenes Drama: woran kann man das konkret belegen?

35. Welche vorherrschenden Versformen findet man in

9. CHECKLISTE **63**

Faust I? Und was ist für diese Versformen jeweils charakteristisch?

36. Nennen Sie Beispiele für die Symbolik der Räume und für wichtige inhaltliche Motive.
37. Was bedeutet das Weinen im *Faust*?
38. Wieso nennt Goethe sein Drama eigentlich eine Tragödie?

Fragen in Kapitel 7:

39. In welchen »biographischen Etappen« hat Goethe am *Faust* gearbeitet?
40. Wann hat Goethe den *Faust I*, wann den *Faust II* abgeschlossen?
41. Welche Rolle spielt die Beziehung zu Friederike Brion in Sessenheim für Goethes Gestaltung des *Faust I*?
42. Was meint Goethe kurz vor seinem Tod mit dem »Walpurgissack«? Was war darin verschlossen?

Fragen in Kapitel 8:

43. In welchen Hauptetappen ist die Faust-Überlieferung vor sich gegangen und wie hat sie Goethe kennen gelernt?
44. Was weiß man über den historischen Georgius Faustus?
45. Welche Absicht verfolgte der Verfasser des *Faustbuchs* von 1587? Wie sah er den Faust? Und wie unterscheidet sich Goethes Faust prinzipiell von diesem Faust-Bild?
46. Wie funktionierte die Umdeutung von Goethes Faust

64 9. CHECKLISTE

zu einem deutschnationalen (und dann auch zu einem sozialistischen) Helden?

47. Warum knüpfte Thomas Mann mit seinem *Doktor Faustus*-Roman nicht bei Goethe, sondern beim *Volksbuch über den D. Faust* von 1587 an?

10. Lektüretipps/Filmempfehlungen

Textausgabe

Johann Wolfgang Goethe: Faust. Der Tragödie erster Teil.
   Stuttgart: Reclam, 2000. (Universal-Bibliothek. 1.) – *Reformierte Rechtschreibung. Nach dieser Ausgabe wird zitiert.*

Angesichts des Umfangs der Literatur zum *Faust* und zum
Faust-Stoff verzichtet dieses Bändchen auf ausführliche Literaturhinweise.
   Alles Wissenswerte zur Literatur und vertiefende und zugleich gut strukturierte Studien zu *Faust I* und *II* findet man
in dem grundlegenden Werk von

Schmidt, Jochen: Goethes *Faust*. Erster und Zweiter Teil:
   Grundlagen – Werk – Wirkung. München 1999. (Arbeitsbücher zur Literaturgeschichte.)

Als knappe und informative Darstellung kann empfohlen
werden:

Keller, Werner: *Faust*. Eine Tragödie (1808). In: Interpretationen: Goethes Dramen. Hrsg. von Walter Hinderer.
   Stuttgart 1992. S. 258–329.

Kommentare

Johann Wolfgang Goethe: Faust-Dichtungen. Hrsg. und
   komm. von Ulrich Gaier. Bd. 1: Texte. Bd. 2: Kommentar I. Bd. 3: Kommentar II. Stuttgart 1999.

66 10. LEKTÜRETIPPS/FILMEMPFEHLUNGEN

Sehr gute moderne Kommentare und Texterklärungen sind den entsprechenden Bänden der Goethe-Gesamtausgaben beigegeben:

Hamburger Ausgabe [HA]: Goethes Werke in 14 Bänden. Hrsg. von Erich Trunz. Bd. 3: Faust I, Faust II, Urfaust. 16., neubearb. Aufl. München 1996.

Münchener Ausgabe [MA]: Johann Wolfgang Goethe: Sämtliche Werke nach Epochen seines Schaffens. Bd. 6.1: Weimarer Klassik. 1798–1806 [darin: Faust I]. Hrsg. von Victor Lange. München/Wien 1986.

Frankfurter Ausgabe [FA]: Johann Wolfgang Goethe: Sämtliche Werke. Briefe, Tagebücher und Gespräche. I. Abteilung: Sämtliche Werke. Bd. 7.1: Faust, Texte. Hrsg. von Albrecht Schöne. 4., überarb. Aufl. Frankfurt a. M. 1999. Bd. 7.2: Faust, Kommentare. Hrsg. von Albrecht Schöne. 4., überarb. Aufl. Frankfurt a. M. 1999.

Die ganze Fülle der Literaturhinweise findet man in den entsprechenden **Bibliographien:**

Henning, Hans: *Faust*-Bibliographie. 3 Tle. Berlin/Weimar 1966–76.

Seit 1971 enthalten die *Goethe-Jahrbücher* jeweils einen bibliographischen Teil, in dem die auf *Faust* bezogenen Titel gesondert erfasst sind.

Einen kurzen und informativen Überblick über die *Faust*-Theaterinszenierungen und die großen Faust-, Mephisto- und Gretchen-Darsteller(innen) findet man in:

Rühle, Günther: Faust. Die Jahrhundertinschrift. In: Theater heute. Heft 7. 2000. S. 30–39.

10. LEKTÜRETIPPS/FILMEMPFEHLUNGEN **67**

Filmempfehlungen

Faust. Stummfilm (1926) von Friedrich Wilhelm Murnau. – *Faszinierende, in der Handlungsführung eigenständige Verfilmung des Faust-Stoffs.*

Faust. Verfilmung der Gründgens-Inszenierung von Goethes *Faust* im Hamburger Schauspielhaus (1957), 124 Minuten. – *Gustaf Gründgens und Peter Gorski führen bei diesem 1960 herausgekommenen Film Regie. Die Nähe zum Theater (als schlichtem »Bretterhaus«) bleibt ganz bewusst erhalten: das Ensemble des Schauspielhauses wirkt auch bei dieser filmischen Version mit (und Gründgens selbst ist Mephisto). Einziger Schauplatz ist die Bretterbühne; auf filmtechnische Mittel (Kamerafahrten, Perspektivwechsel, scharfe Schnitte etc.) wird weitgehend verzichtet. Einzig in die Walpurgisnachtszene werden spektakuläre Elemente (Explosion einer Atombombe) eingebaut. Trotz der starken Textkürzungen eine werkgerechte und immer noch sehenswerte Verfilmung, bei der allerdings die sehr hohe Sprechgeschwindigkeit Mühe bereitet.*

Faust. Verfilmung der *Faust*-Inszenierung von Dieter Dorn an den Münchner Kammerspielen (1986), 150 Minuten. – *Auch diese Verfilmung von 1988 lehnt sich eng an die Theaterinszenierung an. Aber harte Schnitte und häufige Großaufnahmen, Perspektivwechsel und die direkte Präsenz der Kamera im Bühnengeschehen geben dem Film einen eigenen »drive«. Von Menschheitspathos und existenzieller Verzweiflung ist wenig zu spüren, statt dessen wird man als Zuschauer fassungsloser Beobachter mensch-*

68   10. LEKTÜRETIPPS/FILMEMPFEHLUNGEN

*licher Brutalisierung und moralischer Ohnmacht: der
Teufel hat in dem schwefelgelben Ambiente der kasten-
förmigen Bühne leichtes Spiel. Ein hervorragender Film;
allerdings kann man die zugrunde liegenden Inszenie-
rungsideen erst dann wirklich »genießen« und in ihrer
Aussagekraft einschätzen, wenn man mit Goethes »Faust«
hinreichend vertraut ist. Ein Film also nicht zur Ein-
führung in das Werk, sondern zur Anregung weitergehen-
der Interpretationsüberlegungen.*

TV-Aufzeichnung der *Faust*-Inszenierung aus dem Grazer
Schauspielhaus 1988 (*Faust I*: 180 Minuten). – *Sehr durch-
dachte und textdienliche Inszenierung, als »anschauliche«
Begleitung zur Lektüre und als Beispiel einer durchdach-
ten, werkgetreuen (und zugleich spannend-aktuellen) Inszenierung gut geeignet.*

TV- Aufzeichnung der *Faust*-Inszenierung von Peter Stein
(ein Projekt der EXPO 2000 in Hannover, weitere Auf-
führungen in Berlin und Wien). – *Vor allem Bruno Ganz
(als alter Faust) lässt den (ungekürzt dargebotenen) Text
in all seinen Nuancen lebendig werden und spielt seine
Rolle intensiv. Das Drama läuft gleichsam im Zeitlupen-
tempo ab: Die Spieldauer beträgt allein für »Faust I« fast
5 Stunden.*

LYRIK-LEKTÜRESCHLÜSSEL

»» erschließen ausgewählte Gedichte, die für einen **Autor**, einen **Themenbereich** oder eine **Epoche** repräsentativ sind

»» enthalten die **vollständigen Gedichttexte**

»» führen in **Kurzinterpretationen** verschiedene Modelle der Gedichtanalyse vor

FÜR SCHÜLERINNEN UND SCHÜLER

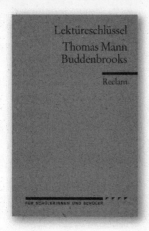

RECLAMS LEKTÜRESCHLÜSSEL

»» machen Schluss mit der mühsamen Suche nach Informationen zu literarischen Werken

»» helfen bei der Vorbereitung von Unterrichtsstunden, Hausarbeiten, Referaten, Klausuren und Abitur

»» informieren über Autor, Werk und dessen Rezeption

»» enthalten Wort- und Sacherläuterungen

»» bieten Interpretationen und Fragen zur Verständniskontrolle

»» können auch als PDF heruntergeladen werden (**www.reclam.de** unter Download)

FÜR SCHÜLERINNEN UND SCHÜLER

stäblich am Schlafittchen in den Krieg« (109) schleppen. Kassandra verachtet den Menschenschlächter Achill zutiefst, sie wünscht ihm »tausend Tode« (109).

Anchises, der politische Aussteiger, ist die zentrale Figur der »Gegenwelt«. Er bringt Kassandra die Natur näher, erklärt ihr politische Zusammenhänge, die Hintergründe des Krieges und preist die Lebensfreude. Zudem bringt er ihr bei, dass man sich auch mit seinen Gegnern und Andersdenkenden rational unterhalten kann, um einen Konsens zu finden. Seine Souveränität und sein Humor beeindrucken die Seherin. Nach dem Untergang Trojas schleppt ihn sein Sohn Aineias in einem Weidenkorb aus der brennenden Stadt und rettet ihm so das Leben.

Kassandras Berater

Kassandra verliebt sich in Aineias. Er möchte sie entjungfern, doch der Liebesakt scheitert, da »beide [sich] nicht imstande sahen, den Erwartungen zu entsprechen« (25). Sie wird schließlich von Panthoos, dem ersten Apollonpriester, entjungfert. Jedesmal, wenn sie mit ihm Geschlechtsverkehr hat, stellt sich Kassandra vor, sie würde mit Aineias schlafen.

Eine unerfüllte Liebe

Nachdem ihr geliebter Bruder Troilos von Achill ermordet wurde, bietet ihr Aineias Rückhalt, ihre Beziehung wird inniger, aber er entzieht sich Kassandra immer wieder, auch weil er als Krieger zu kämpfen hat. Nach der Niederlage Trojas fordert er Kassandra auf, mit ihm zu fliehen. Doch sie weigert sich, weil ihr klar geworden ist, dass er als »Anführer« der Trojaner ein Held sein wird, einen »Helden kann« sie aber »nicht lieben« (178 f.).

Arisbe, die weise Traumdeuterin, heilt Kassandra, weil sie erkennt, dass eine schwere Identitätskrise ihre Wahnsinnsanfälle auslösten; sie fordert von der Kranken »Offne dein inneres Auge« (82); schließlich erkennt Kassandra, dass sie Verantwortung nicht nur für sich, sondern auch für die Gemeinschaft übernehmen muss.

Auf dem Weg zur Autonomie

Auch der griechische Apollonpriester **Panthoos**, der in Troja in Distanz zur Gesellschaft lebt, hilft Kassandra. In der Auseinandersetzung mit ihrem zynischen Lehrer und alles andere als geliebten Sexualpartner, der sie defloriert, entwickelt sie ihr Selbstvertrauen weiter.

Personenkonstellation

Alles,
was man für die Schule wissen muss

»» in verständlicher Sprache

»» knapp, in klar gegliederten Texteinheiten

»» kompetent – verfasst von erfahrenen Schulpraktikern

»» in lesefreundlichem Layout

FÜR SCHÜLERINNEN UND SCHÜLER

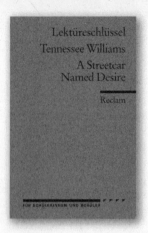

FREMDSPRACHEN-LEKTÜRESCHLÜSSEL

- »» beziehen sich auf den englischen oder französischen **Originaltext**
- »» sind **deutsch geschrieben** und unterstützen gleichermaßen die Lektüre der deutschen Übersetzung
- »» enthalten **Schlüsselbegriffe und Übersetzungshilfen in der jeweiligen Fremdsprache**, um ein fremdsprachiges Referieren über das Werk zu erleichtern

FÜR SCHÜLERINNEN UND SCHÜLER